कॉन्ट्रैक्ट मैरिज

श्राबोनी बोस

टू साइन

प्रकाशक : टू साइन पब्लिशिंग हाउस

पता : SY.N0.21/2 & 21/3, सोननहल्ली,

कृष्णराजपुरा, बेंगलुरु, कर्नाटक - 560049 भारत

ईमेल : truesignbooks@gmail.com

वेबसाइट : www.truesign.in

© प्रकाशकाधीन

कॉन्ट्रैक्ट मैरिज

लेखिका : श्राबोनी बोस

ISBN: 978-93-5805-345-6

संस्करण: 2023

कॉन्ट्रैक्ट मैरिज

दीपिका, अपने बॉयफ्रेंड रणवीर और बचपन की सहेली आलया के द्वारा दिए गए धोखे से एकदम टूट चुकी थी और अब उसने किसी के भी ऊपर भरोसा ना करने का फ़ैसला कर लिया था। रणवीर और आलया को वह अपना सब कुछ मानती थी। अपनों से जब धोखा मिलता है तो इंसान अंदर से इतना बिखर जाता है कि भगवान भी चाहे तो उसे जोड़ने में असमर्थ हो जाते हैं। कुछ ऐसा ही हाल हमारी कहानी की नायिका दीपिका का भी हुआ था।

अहमदाबाद से मुंबई आने के बाद दीपिका अपने अतीत से कोई वास्ता नहीं रखना चाहती थी। उस काली रात को वो भुला ही नहीं पा रही थी जिसने उसकी पूरी ज़िंदगी उजाड़ का रख दी थी। जब भी उसे वह रात याद आती उसका पूरा शरीर नफ़रत और गुस्से की आग में जल उठता था।

आख़िरकार ऐसा क्या हुआ था दीपिका के साथ, जानने के लिए चलिए, थोड़ा पीछे चलते हैं।

(एक आलिशान कमरे में दीपिका, रणवीर और आलया खड़े हुए हैं और दीपिका उनसे सवाल जवाब कर रही है) दरअसल जब अचानक दीपिका उस कमरे में पहुची तो उसने रणवीर और आलया को बिस्तर में एक साथ ऐसी अवस्था में रंगे हाथों पकड़ा था जिसे वे पिछले एक साल से उससे छुपा रहे थे। वे दीपिका को सामने देख हड़बड़ा कर अपने कपड़े समेटने लगे और दीपिका ने जब उनको उस अर्धनग्न अवस्था में देखा तो उसका चेहरा गुस्से और नफ़रत से लाल हो गया और वह नफरत से अपना मुँह फेर कर खड़ी हो गयी।

थोड़ी देर बाद, जब दोनों कपड़े पहन तनिक व्यवस्थित हुए तब दीपिका उन पर बरस पड़ी और बेहद गुस्से से भरकर बोली "इतना बड़ा धोखा"? मैंने तुम दोनों के ऊपर अपने से भी ज़्यादा भरोसा किया और तुम लोगों ने उस का ये सिला दिया मुझे, इस तरह मेरा भरोसा तोड़ा। आख़िर मेरी गलती क्या थी? जिसकी तुम दोनों ने मुझे इतनी बड़ी सजा दी है। आलया! तुम, तुम तो मेरी बचपन की सबसे अच्छी सहेली थी। तुम्हें मेरे ही बैड में, मेरे ही बॉयफ्रेंड के साथ यह सब करते हुए ज़रा भी शरम नहीं आयी छी।। छी।।।।"

बोलते बोलते वह ज़ोर ज़ोर से रोने लगी और रोते रोते वही एक सोफ़े पर बैठ गयी, उसे रोता हुआ देख रणवीर उसके पास आकर उसे दिलासा देने की कोशिश करने के लिए दीपिका के

कंधे पर हाथ रखने ही वाला था कि दीपिका ने उसे एक ज़ोरदार थप्पड़ मार दिया जिसकी गूंज उस पूरे कमरे में सुनाई दी। दीपिका रणवीर का हाथ झटकते हुए नफरत भरे स्वर में उस से बोली

"मत लगाओ हाथ मुझे, धोखा देते हुए शरम नहीं आयी तुम्हें ? अब मुझे दिलासा देने की कोशिश कर रहे हो, दूर रहो मुझसे।"

आलया काफ़ी देर से चुप खड़ी थी, लेकिन लग रहा था वह अब चुप नहीं रह पा रही थी, वह भी चिल्लाकर दीपिका से कहने लगी "क्या ~ ~ ~, कबसे धोखा, धोखा चिल्ला रही हो ? रणवीर और मैं एक दूसरे से कई सालो से प्यार करते है, रणवीर सिर्फ़ मेरा है। मैं नहीं तुम आयी हो हमारे बीच। मैं बचपन से रणवीर को चाहती थी। तुम उसकी तरफ़ आकर्षित हुयी थी, वो नहीं, तुम एक साल से समझ रही थी, कि रणवीर तुमसे प्यार करता है तो वह तुम्हारी ग़लतफ़हमी थी। रणवीर ने हमेशा मुझ से ही प्यार किया है तुम्हें नहीं, समझी।"

दीपिका आलया की बात सुन रही थी और उसे लग रहा था की उसके अंदर कुछ बिखर रहा है।

"रणवीर, अगर तुमने मुझे कभी प्यार ही नहीं किया तो पिछले एक साल से जो हमारे बीच था वह सब क्या था ? क्यूँ मुझे धोखे में रखा ? क्यूँ तुमने मेरे अंदर इतने अरमान जगाए।"

इतना कहते ही दीपिका बच्चों की तरह रोने लगी। और उसकी इस हालत पर तरस खाने के बजाय रणवीर ज़ोर ज़ोर से हंसने लगा।

उसकी कूरता भरी हँसी पूरे कमरे में गूंजने लगी। दीपिका ने रणवीर का ऐसा रूप पहले कभी भी नहीं देखा था।

"दीपिका, तुम बहुत भोली हो, हाँ! यह सच है, मैंने हमेशा से ही आलया से ही प्यार किया है। मैंने तुम्हारे साथ नाटक किया था जिसे तुम प्यार समझ बैठी। वैसे तुम्हें बता ही दूं की वो जो कुछ भी था मैंने तुम्हारी प्रॉपर्टी को हथियाने के लिए किया था, जो की अब दुर्भाग्य से तुम्हारी नहीं है।"

दीपिका को एक और सदमा लगा और वह अपने आँसू पोंछते हुए उससे बोली "क्या कह रहे हो रणवीर ? मेरी प्रॉपर्टी अब मेरी नहीं है ?"

"हाँ ! मेरी जान, अब तुम्हारी प्रॉपर्टी तुम्हारी नहीं मेरी है। यह घर अब मेरा है। जिस जगह तुम खड़ी हो, वो अब मेरी है। यह बिस्तर मेरा है तुम्हारी पूरी जायज़ाद तो तुमने मेरे नाम कर दी और अब वो सब मेरी है, तुम्हें छोड़कर जो कुछ भी तुम्हारा है। अरे ! है नहीं था !, सब कुछ, अब मेरा है।"

दीपिका बस अपनी बड़ी बड़ी आँखो से कुटिलता से हँसते हुए रणवीर को देखे जा रही थी और उसके चेहरे के पीछे छिपे उस धूर्त चेहरे को पहचानने का प्रयास कर रही थी जिसने उस का सब कुछ लूट लिया था।

दीपिका के आश्चर्य भरे चहरे को देख रणवीर बोल उठा "क्यूँ? मेरी जान याद नहीं आ रहा कि यह सब कैसे और कब हुआ? दिमाग़ को तकलीफ़ देने की ज़रूरत नहीं, मैं तुम्हें याद दिलाता हूँ, याद करो २ दिन पहले ही मैंने तुमको डोनेशन के फॉर्म्स दिए थे, याद आया, उन्ही फ़ॉर्म के बीच मैंने प्रॉपर्टी ट्रांसफर के पेपर रख दिए थे और तुमने मेरे कहने पर बिना पढ़े ही साइन कर दिए। तुम जो मेरे ऊपर आँख बंद करके विश्वास कर रही थी, बस उसका मैंने फ़ायदा उठा लिया। मैंने तो हमेशा से आलया से ही प्यार किया तुम तो मेरी मंज़िल तक पहुचने की सीढ़ी थी, जिसकी अब मेरी ज़िंदगी में कोई जगह नहीं। मुझे मेरी मंज़िल भी मिल गयी और मेरा प्यार भी, जो हमेशा से मेरा था, वो भी अब मेरे पास आ गया वरना तुम्हारे रहने से मुझसे दूर ही रहता।"

दीपिका कि तो मानो पूरी ज़िंदगी उसकी आँखो के सामने टूटकर बिखर चुकी थी।

"अब तुम दफ़ा हो जाओ यहाँ से, यहाँ तुम्हारा कुछ नहीं है, वैसे भी मेरा और आलया का काफ़ी समय तुमने बर्बाद कर दिया है, और हाँ, हॉस्पिटल में जो बुड्ढा पढ़ा हुआ है, उसे भी लेते जाना। मेरे पास इतने फ़ालतू पैसे नहीं है जो मैं इधर उधर व्यर्थ खर्च करता फिरूँ।"

इतना कह रणवीर ने दीपिका का हाथ पकड़कर उसे खींचते हुए कमरे से बाहर निकाल कर कमरे का दरवाज़ा दीपिका के मुँह के ऊपर बंद कर दिया।

कुछ समय के लिए दीपिका वहीं खड़ी रही, उसे कुछ समझ ही नहीं आ रहा था की अनायास ही उसके साथ यह क्या हो गया, उसका प्यार उसकी जायजाद सब उसके हाथ से निकल चुके थे। अभी वह अपने अगले कदम के विषय में कुछ सोच पाती की तभी उसका फ़ोन बज उठा, स्क्रीन पर श्री राम हॉस्पिटल डिस्प्ले हो रहा था जहाँ पर दीपिका के दादा जी एडमिट थे। फोन उठाते ही दूसरी तरफ़ से कहा गया "मैडम, आइ ऐम सॉरी, आप जल्दी से हॉस्पिटल आ जाइये, आपके दादा जी की तबियत बहुत ख़राब है", इतना सुनते ही दीपिका बेतरह घबरा उठी और सब कुछ भूल कर जल्द से जल्द हॉस्पिटल पहुँच जाती है जहाँ पहुँचते ही डॉक्टर्स उससे कहते हैं की उसके दादा जी की हालत बहुत ही क्रिटिकल हो गयी है। उनका बचना अब मुश्किल है, वे अब अपने अंतिम क्षण जी रहे है।

डॉक्टर्स की बात सुन दीपिका पूरी तरह से टूट जाती है। वह अपने दादा जी के कमरे की तरफ़ जाती है।

दादाजी के कमरे का दरवाज़ा वह धीरे से खोलती है तो देखती है कि दादाजी सो रहे है, वह धीरे से जाकर दादा जी के पास बैठ जा ती है। दीपिका के बैठते ही दादाजी अपनी आँखे खोलते है और अपना हाथ बढ़ाकर दीपिका का हाथ अपने हाथ में ले लेते हैं।

"तू आ गयी गुड़िया? मैं कबसे तेरा इंतज़ार कर रहा था।"

दीपिका दादाजी को देखकर बच्चों की तरह रोने लगती है।

दीपिका: दादाजी. आप मुझे छोड़ कर मत जाओ, आपके सिवाय मेरा कोई नहीं है। आप भी मुझे छोड़ कर चले जाओगे तो मैं किसके साथ रहूँगी, मैं अकेली रह जाऊँगी।"

दादाजी: "गुड़िया मुझे तो जाना पढ़ेगा, मुझे बस आख़िरी बार तुझे देखना था, मेरा आशीर्वाद हमेशा तेरे साथ रहेगा जो तुझे कभी भी टूटने नहीं देगा, तू तो मेरा स्ट्रोंग बच्चा है।" इतना कहते ही दादा जी की हाथ की पकड़ ढीली हो गयी और उन्होंने अपनी आँखे बंद कर ली।

दादाजी! दादाजी!

दीपिका बुलाती रही लेकिन दादाजी तो उसे छोड़ कर जा चुके थे। दीपिका ने डॉक्टर्स को बुलाया और स्वयं अपनी बढ़ी बढ़ी आँखो से दादाजी को एकटक देखते हुए खड़ी है मानो अभी दादा जी बोल उठेंगे, पर वो तो कुछ भी हरकत नहीं कर रहे थे। पूरी तरह से जाँच करने के बाद डॉक्टर भी सॉरी कहते हुए बाहर चले जाते हैं।

दीपिका को एक एक कर सब छोड़ कर जा रहे थे। पहले प्यार गया, दोस्त गया और अब सबसे प्यारी चीज़ उसके दादाजी भी उसे छोड़ कर जा चुके थे।

दीपिका पूरी तरह से अकेली हो चुकी थी, कोई भी उसका अपना नहीं था।

दीपिका का सबके ऊपर से भरोसा ही उठ गया।

अपने दादाजी का अंतिम संस्कार करने के बाद दीपिका शहर में एकदम अकेली रह गयी थी। जो कुछ भी उस के साथ हो रहा था उसके बाद वह इस शहर में नहीं रहना चाहती थी। यह शहर उसे काटने के लिए दौड़ रहा था।

लगभग १ हफ़्ते के बाद दीपिका गुजरात से मुंबई आ गयी। वह इस अनजाने शहर के बारे में कुछ नहीं जानती थी, पर वह तो बस अपने अतीत से दूर भागना चाहती थी।

अब जबकि दीपिका मुंबई आ चुकी थी, मुंबई में दीपिका का छोटा ममेरा भाई आकाश, मामा और मामी रहते हैं। दीपिका भी उनके साथ रहने लगी। मामा, मामी के साथ रहती ज़रूर थी लेकिन यहाँ उसे सुकून रत्ती भर भी नहीं था। मामी हमेशा उसे खरी खोटी सुनाती रहती थी। मामा बेचारे मामी के डर से कुछ नहीं कह पाते थे। एक आकाश ही था, उसका छोटा ममेरा भाई, जो उससे बहुत प्यार करता था।

दीपिका को एक कैफ़े में नौकरी मिल गयी थी। दीपिका घर का सारा काम करती थी फिर भी मामी उससे खुश नहीं रहती थी। घर का काम निबटाके कैफ़े पहुँचते- पहुँचते कभी- कभी वह लेट भी हो ज़ाया करती थी।

एक दिन ऐसा ही हुआ, दीपिका को कैफ़े पहुँचते पहुंचते काफ़ी देर हो चुकी थी, और उसी दिन उसका सामना उसके मैनेजर से हो गया। मैनेजर ने भी न जाने किस किस का गुस्सा उस पर निकाला और सभी के सामने काफी अपमानित भी कर दिया। दीपिका चुपचाप सब कुछ

सुनती जा रही थी लेकिन हद तो तब हो गयी जब मैनेजर ने उसे काम से निकलते हुए फरमान सुना दिया की उसे अगले दिन से काम पर आने की ज़रूरत नहीं है।

दीपिका की नौकरी जा चुकी थी, सुबह से उसके साथ बुरा ही हो रहा था और अब उसका हिसाब करके उसे अपमानित कर नौकरी से भी निकाल दिया गया।

कैफ़े के बाहर आकर वह शांत कुछ देर खड़ी रही, उसे समझ में ही नहीं आ रहा था कि आखिर अब वो करे तो क्या करे ?इन्हीं ख्यालों में डूबी हुयी उसने चलना शुरू कर दिया, उसे कुछ सूझ तो नहीं रहा था, वह बस चलती चली जा रही थी कि अचानक एक गाड़ी के हॉर्न ने उसको चौंका दिया। गाड़ी के हल्के से धक्के को उसने महसूस किया और जब तक वह कुछ समझ पाती उसने स्वयं को ज़मीन पर गिरा हुआ पाया। ज़मीन पर गिरते ही उसकी आँखे धीरे धीरे बंद होने लगी। उस पर हल्की हल्की बेहोशी छा रही थी और उसे महसूस हो रहा था की किसी ने उसे अपनी बाँहों में उठा रखा है और गाड़ी में बैठा रहा है, लेकिन दीपिका को सब कुछ काफी धुंधला दिख रहा था।

तभी उसके कानों में हल्की सी आवाज़ पड़ी

"गाड़ी को सिटी हॉस्पिटल ले चलो।"

उसे लग रहा था कि किसी ने उसको सहारा दे रखा है।

आख़िरकार वो भला इंसान कौन था, जिसके पास दीपिका को कोई ख़तरा नहीं लग रहा था। थोड़ी ही देर बाद दीपिका को हॉस्पिटल में डॉक्टर्स के हवाले कर वह स्वयं कमरे के बाहर इंतज़ार करने लगा।

क़रीब आधे घंटे बाद डॉक्टर्स आकर कहते है "घबराइए नहीं मिस्टर ऋषभ ओबेरॉय, आपकी वाइफ़ एकदम ठीक है, कमजोरी के कारण वह बेहोश हो गयी थी। लगता है शायद सुबह से उन्होंने कुछ खाया नहीं है।"

डॉक्टर उससे बात कर ही रहे थे तभी एक नर्स आकर इमरजेंसी बोलकर उन्हें ले जाती है और ऋषभ उन्हें कुछ कह ही नहीं पाता। डॉक्टर्स द्वारा बोले गए उस शब्द ने ऋषभ के दिमाग़ में गहरा असर छोड़ा था।

आख़िर कौन है यह ऋषभ ओबेरॉय ?, आइये आप का उनसे परिचय करवा दिया जाय।

मुंबई की मशहूर ओबेरॉय फ़ैमिली, बस नाम ही लोगों पर अपना असर छोड़ देता था। ओबेरॉय गुप्स के बिज़नेस को आगे ले जाने वाला एक ही शख़्स है और वो है, ऋषभ ओबेरॉय, जो कि आज एशिया का नम्बर वन बिज़नेस टाइकून है।

उम्र २६ साल, रंग गोरा, भूरी आँखे, ६ फ़िट लम्बा क़द, मस्कूलर बॉडी जो ४ साल पहले अमरीका से एम बी ए की डिग्री लेकर लौटा था यानि कुल मिलाकर मोस्ट एलिजिबल बैचलर।

३ साल पहले अपने दादाजी की बिगड़ती हुई तबियत के कारण उसे पूरे बिज़नेस को अकेले ही सम्भालना पड़ा था। आज ऋषभ ने पूरे ओबेरॉय गुप्स के बिज़नेस को इस मुक़ाम पर लाकर खड़ा कर दिया कि सभी उसके सामने अपनी नज़रें झुकाते थे। ऋषभ के माता पिता की मृत्यु बचपन में ही एक कार दुर्घटना में हो गयी थी उस वक्त ऋषभ की उमर सिर्फ २ साल ही थी।

ऋषभ की ज़िंदगी में केवल तीन शख्स थे जिनको ऋषभ मानता था। पहले उसके दादाजी मिस्टर रणविजय ओबेरॉय, दूसरा शक्स है जानकी देवी जिसे वह जानकी माँ कहकर बुलाता था क्यूँकि यह ऋषभ की नैनि थी जिन्होंने बचपन से ऋषभ को पाला था और तीसरा शक्स है ऋषभ के बचपन का दोस्त रोहित।

डॉक्टर्स के जाने के थोड़ी देर बाद ऋषभ ने दीपिका के कमरे में जाकर देखा कि उसे होश आया है कि नहीं, लेकिन वह तो अभी भी बेहोश ही लेटी हुई थी। ऋषभ जितनी बार दीपिका को देखता था उसका चेहरा उसे अपनी तरफ़ खींचता था। ऋषभ उसे देख कर बाहर चला आया। क़रीब ३ घंटे बाद दीपिका को होश आया है और वह अपने आपको एक अलग ही जगह पाकर घबरा उठी। उसे अपने आसपास भी कोई नज़र नहीं आया। वह फिर लेटे लेटे ही उसके साथ क्या हुआ था याद करने की असफल कोशिश करने लगी, थोड़ी देर में ऋषभ और नर्स कमरे में आ गए। दीपिका की नज़र जैसे ही नर्स पर पड़ी वह पूछ बैठी।

"सिस्टर, मैं यहाँ कैसे"? मुझे यहाँ कौन लाया? क्या हुआ है मुझे? मुझे कुछ भी समझ में नहीं आ रहा है।"

नर्स मुस्कुराते हुए बोली "मिसेज़ ओबेरॉय, आप बिलकुल ठीक है, कमजोरी के कारण आप बेहोश हो गयी थी। आपके हसबैंड आपको यहाँ लाए है। आप आराम कीजिए।"

दीपिका नर्स से कहती है "मेरे हसबैंड?"

नर्स उसे ऋषभ की तरफ़ इशारा करते हुए कहती है "वह रहे आपके हसबैंड।"

दीपिका इसके आगे कुछ पूछ पाती उस के पहले ही नर्स कमरे से चली गयी।

कमरे में अब ऋषभ और दीपिका अकेले रह गए।

दीपिका को समझ में नहीं आ रहा था कि आख़िर उसके साथ क्या हो रहा है?

वह ऋषभ से कुछ पूछने की कोशिश कर ही रही थी कि ऋषभ ने गम्भीर आवाज़ में उससे कहा "आपको दिमाग़ पर इतना ज़ोर देने की ज़रूरत नहीं है, आप मेरी गाड़ी के सामने आ गयी थी और बेहोश हो गयी थी। मैं ही आपको हॉस्पिटल लाया था तब से सभी आपको मेरी वाइफ़ समझ रहे है।"

दीपिका धीमे से ऋषभ को कहती है "सॉरी, मेरा ध्यान नहीं था, मेरी वजह से आपको तकलीफ़ हुयी।"

ऋषभ उससे पूछता है "आपका पूरा नाम क्या है? फ़ॉर्म में भरना है।"

दीपिका कहती है "जी, मेरा पूरा नाम दीपिका अरोरा है।"

ऋषभ उसे एक नज़र देख कर कमरे के बाहर निकल जाता है।

कमरे से बाहर निकलते ही ऋषभ किसी को फ़ोन करता है और कहता है "मुझे १ घंटे के अंदर दीपिका अरोरा की पूरी डिटेल चाहिए।"

इतना कहते ही वह फ़ोन काट देता है।

थोड़ी देर के बाद वह फिर दीपिका के कमरे के अंदर जाता है, दीपिका रेस्ट कर रही थी। ऋषभ को देख वह उठ कर बैठती है।

ऋषभ दीपिका से कहता है "अभी आप आराम कीजिए, मुझे थोड़ा काम है, मैं आपसे शाम को मिलता हूँ।"

दीपिका बस ऋषभ को देख और सुन रही थी, उसने अपना सिर हाँ में हिला दिया।

ऋषभ कमरे से चला गया और दीपिका बस उसे जाते हुए देखती रही। ऋषभ जा कर के हॉस्पिटल के गेस्ट कमरे में बैठा ही था की दरवाज़े पर दस्तक होती है।

ऋषभ : कम इन, सागर (वह शक्स जिसे ऋषभ ने दीपिका का डिटेल निकालने को कहा था)

सागर: हेलो सर, आपका काम हो गया, यह रही आपकी फ़ाइल।

सागर ऋषभ का दाहिना हाथ है, सारे महत्वपूर्ण और गोपनीय काम ऋषभ के लिए सागर ही करता है।

ऋषभ बड़े ही ध्यान से दीपिका की फ़ाइल पढ़ने लगा। फ़ाइल पढ़ते पढ़ते ही उसने सागर से एक ड्रिंक बनाने को कहा।

सागर ऋषभ के टेस्ट को बखूबी जानता है, और वह उसके लिए एक ड्रिंक बनाता है।

सागर ऋषभ से पूछता है "सर, आप इस वक्त ड्रिंक ले रहे है? कोई परेशानी है?"

ऋषभ : नहीं सागर, ड़ोंट वरी, थोड़ा थक गया हूँ। तुम ऑफ़िस जाओ, मैं बाद में तुमसे मिलता हूँ।

सागर : ओ के सर।

ऋषभ थोड़ी देर आँखे बंद करके बैठता है और उसे दीपिका का ख़ामोश और मायूस चेहरा नज़र आता है, जो उसे काफ़ी परेशान करता है। कुछ देर यूं ही बैठ कर वह फिर से दीपिका के कमरे की तरफ़ जाता है।

दीपिका के कमरे के अंदर जैसे ही जाता है तो देखता है की दीपिका सो रही है, वह दीपिका के क़रीब जाता है और देखता है कि दीपिका के बाल उसके चेहरे को परेशान कर रहे है जिस कारण

दीपिका की भोहें सिकुड़ रही थी। ऋषभ दीपिका के बालों की लट को और कुछ बिखरे बालों को उसके कानो के पीछे कर देता है।

बालों को पीछे करते वक्त ऋषभ की उँगलिया दीपिका के गालों को छू जाती है, ऋषभ अपने आपको रोक नहीं पाता और उसके गालों को सहलाने लगता है कि तभी दीपिका अपनी आँखे खोल देती है।

ऋषभ को अपने इतने क़रीब देख वह घबरा जाती है और झट से उठ कर बैठ जाती है।

ऋषभ उसे सम्भालते हुए कहता है "घबराने की कोई बात नहीं है, आपके बाल आपको परेशान कर रहे थे, मैं बस उन्हें हटाने की कोशिश कर रहा था। अगर आपको बुरा लगा तो आई एम वेरी सॉरी।"

दीपिका तभी कहती है "नहीं, नहीं आपकी कोई गलती नहीं है, अचानक से आपको इतने क़रीब देख मुझे कुछ समझ नहीं आया। आपने तो मेरी मदद की है, आपसे तो मुझे नहीं डरना चाहिए, आइ ऐम सारी सर।"

"मेरा नाम ऋषभ है, और आप मुझे ऋषभ बुला सकती है।

दीपिका कहती है "ऋषभ, आपने इतने बड़े हॉस्पिटल में मुझे एडमिट करवा दिया है, मैं इसका पेमेंट कैसे करूँगी ?"

ऋषभ कहता है "आपको पेमेंट की कोई चिंता करने की ज़रूरत नहीं, इसके बदले आपको बस मुझसे शादी करनी पड़ेगी वो भी मेरे दादाजी की वजह से क्यूँकि उन्होंने मेरे सामने एक शर्त रखी है और अगर मैं उनकी शर्त न मानूं तो पूरा बिज़नेस जो मैंने इतनी मेहनत से खड़ा किया है, बर्बाद हो जाएगा। आपके पास पूरे १ दिन का समय है, यह रहा मेरा कार्ड, अगर हाँ हैं तो मुझे फ़ोन करना। और याद रहे मुझे ना सुनने की आदत नहीं है।"

इतना कह कर ऋषभ कमरे से बाहर निकल गया, दीपिका बस उसे जाते हुए देखती रही, अचानक उसे अपने बैग में रखे फ़ोन की घंटी सुनायी दी। मामाजी का फोन था, वह फ़ोन उठाती है। मामा बहुत परेशान हैं और घबराते हुए पूछते है, "बेटा ! कहाँ हो तुम ?, कब से तुम्हें फ़ोन कर रहा हूँ। इतनी देर तो तुम्हें कभी नहीं होती, ठीक तो हो ना ?"

मामा को शांत करते हुए दीपिका कहती है "मामाजी ! आप शांत हो जाइये, कुछ नहीं हुआ है मुझे, मैं ठीक हूँ, आज काम काफ़ी ज़्यादा था और मैं रास्ते में हूँ, ट्राफ़िक में फँस गयी हूँ। फ़ोन साइलेंट मोड में था इसलिए पता नहीं चला। थोड़ी देर में पहुँचती हूँ।"

फ़ोन रखकर दीपिका कमरे से निकलती है। कमरे के बाहर ऋषभ के बॉडीगार्ड और ड्राइवर उसका इंतज़ार कर रहे थे।

दीपिका को देखते ही ड्राइवर ने कहा "मैडम, सर ने आपके लिए गाड़ी भेजी है। उन्होंने कहा है आपको घर ड्रॉप करने के लिए।

दीपिका अपना सिर हाँ में हिलाते हुए ड्राइवर के साथ गाड़ी में बैठ कर घर पहुँचती है।

घर पहुँचते ही मामी के तानों से उसका स्वागत होता है। मामा उसे चुप करने को कहते है "अरे चुप हो जा भागवान, बच्ची थकी हारी आयी है साँस तो लेने दे उसे, पानी वानी तो पूँछ।"

मामी गुस्से से अकड़ कर बोलती है "पानी पूछे मेरी जूती! जबसे पैदा हुयी है मनहूसियत फैलायी है, पहले अपने पूरे ख़ानदान को खा गयी, सारी जायज़ाद दान कर आयी, और अब मेरी छाती पर मूँग दलने आयी है। तुम्हारी माँ भी आधी जायज़ाद इसके नाम कर गयी है जिसके कारण हमें इसे झेलना पड़ रहा है।"

मामी की कड़वी बातें सुन दीपिका से रहा नहीं गया, उसकी आँखो से झर झर कर आँसू गिरने लगे।

आवाज़ सुन अंदर से उसका छोटा भाई आकाश दौड़ कर आ गया और दीदी दीदी कहकर उससे लिपट गया, लेकिन दीपिका ने जैसे ही आकाश को गले लगाया वह अचानक ही बेहोश हो जाता है।

दीपिका आकाश...। आकाश...। कहकर चिल्लाती है, उसे ज़ोर से हिलाती है लेकिन आकाश के शरीर में कोई भी हरकत नहीं होती।

मामा-मामी दौड़ते हुए आकाश के पास आए और आकाश को उठाने की बहुत कोशिश की लेकिन आकाश नहीं उठा।

शोर सुन आस पड़ोस के लोग भी आ गए और सभी आकाश को उठाकर हॉस्पिटल लेकर गए। डॉक्टर ने अच्छी तरह से आकाश को चेक किया, डॉक्टर नर्स से जल्दी से इमरजेंसी वार्ड तैयार करने का कह कर वहाँ से चले गए।

नर्स भी 'जी सर' बोल कर वहाँ से चली गयी। थोड़ी देर में ही आकाश को इमरजेंसी वार्ड में ले ज़ाया गया। १० मिनट बाद डॉक्टर ने आकर बताया कि "आकाश के दिल में छेद है, हमें जल्द ही उसका ऑपरेशन करना पड़ेगा नहीं तो उसके जान को ख़तरा है। आप लोग कल तक १५, ००, ००० रुपए जमा करवा दीजिए।"

डॉक्टर की बात सुन मामा अपने सर पर हाथ रख उनसे कहते है "डॉक्टर साहब आप यह क्या कह रहे है? हम साधारण से मिडल क्लास लोग है हम इतना सारा पैसा कहा से लाएँगे?आप कुछ करिए।"

"सॉरी! आप लोग जब तक पैसे जमा नहीं करवाते हम ऑपरेशन शुरू नहीं कर सकते।"

दीपिका सब सुनती है, और अपने रोते हुए मामा के पास जाकर कहती है "मामा, आप चिंता ना करें, मैं आकाश को कुछ नहीं होने दूँगी।"

दीपिका के शब्द अभी खतम हुए ही थे कि मामी ने आकर उसे ज़ोर का चांटा मारा और कहने लगी "तू तो अपना मुँह बंद रख, पहले अपने पूरे ख़ानदान को खा गयी और अब तू मेरे बेटे के

पीछे पड़ी है, अगर मेरे बेटे को कुछ हुआ तो मैं तुझे ज़िंदा नहीं छोड़ूँगी, मैं तुझे मार डालूँगी। तू मेरी नज़रों के सामने से चली जा। हमारी ज़िंदगी से दूर चली जा, तेरा साया भी मैं अपने बच्चे के ऊपर नहीं पड़ने देना चाहती।"

मामी की कड़वी बात सुन दीपिका कहती है "मामी आप चिंता ना कीजिए, मैं चली जाऊँगी, अब से आपको मेरी वजह से कोई परेशानी नहीं होगी, लेकिन जाने से पहले मैं आकाश के इलाज का इंतज़ाम कर दूँगी।"

दीपिका की बात सुन कर मामा- मामी दोनों दंग रह जाते है।

दीपिका डॉक्टर को बोलती है "डॉक्टर, आप ऑपरेशन की तैयारी कीजिए मैं पैसों का इंतजाम करती हूँ।"

इतना कह कर दीपिका वहाँ से चली जाती है।

बाहर आकर दीपिका अपने बैग से ऋषभ द्वारा दिया हुआ कार्ड निकालती है। कार्ड में देख वह ऋषभ का नम्बर मिलाती है।

हाय, मैं दीपिका बोल रही हूँ।

ऋषभ : हाँ, हाय, बोलिए दीपिका

मुझे आपसे अभी मिलना है, प्लीज़ मना मत कीजिएगा, बहुत अर्जेंट है।

ऋषभ : ठीक है! आता हूँ, कहाँ है आप?

जी, मैं सिटी हॉस्पिटल के मेन गेट के सामने खड़ी हूँ।

ऋषभ : ओ के, आइ ऐम कमिंग।

क़रीब २० मिनट बाद दीपिका के सामने एक बड़ी गाड़ी आकर रुकती है। गाड़ी की पिछली सीट का शीशा नीचे उतरता है और ऋषभ दीपिका से गाड़ी के अंदर आकर बैठने को कहता है।

दीपिका गाड़ी के अंदर बैठती है और गाड़ी चल पड़ती है। ऋषभ दीपिका को देखता है उसकी आँखे सूजी हुयी थी बाल बिखरे हुए थे, गाल पर चोट का निशान भी था।

ऋषभ दीपिका को पानी की बोतल पकड़ाते हुए कहता है "आर यू ओके?" दीपिका हाँ में अपना सर हिलती है।

गाड़ी एक अनजानी जगह जाकर रुकती है, ऋषभ अपने ड्राइवर को बाहर जाने को कहता है और दीपिका से कहता है "हाँ, बोलिए क्यूँ बुलाया है आपने मुझे?"

दीपिका कहती है "मैं आपसे शादी करने के लिए तैयार हूँ लेकिन उसके पहले आप मेरे छोटे भाई को बचा लीजिए, वह हॉस्पिटल के इमरजेंसी वार्ड में है, उसके ऑपरेशन के लिए मुझे तुरंत १५०००० रुपए की ज़रूरत है।"

इतना कहते ही दीपिका अपना चेहरा हाथों से छुपाकर रोने लगती है।

पता नहीं क्यूँ दीपिका का रोना ऋषभ के दिल को कचोट रहा था। वह चाह के भी दीपिका को सहानुभूति नहीं दे पा रहा था। क्यूँकि यह सब उसके कैरेक्टर को सूट नहीं करता।

दीपिका की बात सुन वह अपना फ़ोन निकालता है और सागर को फ़ोन मिलाता है ...

ऋषभ : हेलो, सागर।

सागर : यस सर, बोलिए।

ऋषभ : सागर, सिटी हॉस्पिटल में इमरजेंसी वार्ड में एक बच्चा भर्ती है। उसके ऑपरेशन में जो भी खर्चा होगा, वो मेरी कम्पनी पे करेगी। तुम जाकर पूरा इंतजाम देखो, मैं थोड़ी देर में तुमसे मिलता हूँ।

सागर : ओ के सर, मैं जाकर देखता हूँ, आपका काम हो जाएगा।

ऋषभ फ़ोन रख देता है। फ़ोन रखते ही वह दीपिका से कहता है "आपका काम हो गया है, अब चलें।"

दीपिका की आँखे बड़ी हो जाती है और वह कुछ पूछने के लिए ऋषभ की ओर मुड़ती है कि ऋषभ ड्राइवर को गेस्ट हाउस जाने के लिए कहता है।

ड्राइवर गाड़ी को दाहिने तरफ़ मोड़ता है कि दीपिका ऋषभ की तरफ़ गिरती है और उसके बाल ऋषभ के कोट के बटन में फँस जाते है। दीपिका उसे निकालने की कोशिश करती है लेकिन वे और भी उलझते जाते है।

ऋषभ दीपिका का हाथ पकड़ते हुए कहता है "शांत, शांत, मैं आपको खा नहीं जाऊँगा, रुकिए मैं निकालता हूँ।"

ड्राइवर थोड़े बुजुर्ग थे, जो बैक मिरर से ऋषभ को देख मुस्कुरा रहे थे।

ऋषभ की नज़र उनपर पड़ती है और वह कह उठते है "ड्राइवर अंकल सामने देखिए, ऐक्सिडेंट हो जाएगा।"

ऋषभ के जो ड्राइवर थे वे जब ऋषभ २ साल का था तब से उसके दादा जी की गाड़ी चलाते थे, और अब वह ऋषभ की गाड़ी चलाते हैं।

ऋषभ दीपिका के बालों को अपने कोट के बटन से निकालता है और तब तक वे गेस्ट हाउस पहुँच चुके होते हैं।

गाड़ी गेस्ट हाउस के अंदर पार्किंग एरिया में जाकर रुकती है, ऋषभ गाड़ी से उतरता है और दीपिका के उतरने का इंतज़ार करता है।

गाड़ी से उतर कर दीपिका ऋषभ के पास जाकर खड़ी होती है तभी ऋषभ आगे की तरफ बड़ता है और दीपिका उसके पीछे पीछे चली जाती है।

इतना बड़ा गेस्ट हाउस देख कर उसे अपना गेस्ट हाउस याद आ जाता है जिसे उसने बड़े प्यार से सजाया था जो अब उसका नहीं रणवीर का हो चुका था।

ऋषभ दीपिका को कहता है "आप यहाँ बैठिए, मैं थोड़ी देर में आता हूँ।"

दीपिका अपना सिर हिलाते हुए वहाँ बैठ जाती है।

ऋषभ वहाँ से चला जाता और जाते जाते किसी को फ़ोन पर कहता है "वेटिंग रूम में मेरी गेस्ट बैठी है में, उनका ख़ास ख़याल रखा जाय।"

इतना बोलते ही ऋषभ एक कमरे के अंदर चला जाता है।

इधर जहाँ दीपिका बैठी हुयी है थोड़ी ही देर में तीन चार सुंदर लड़कियाँ आकर दीपिका के सामने काजू, किशमिश, कुकीज़ और जूस रख देती है।

दीपिका उन्हें देख उठ कर खड़ी हो जाती है और उनसे कहती है "मैम, मुझे कुछ नहीं चाहिए। आप यह सब ले जाइये।"

उन लड़कियों में से एक ने कहा "मैम, यह सब आप ही के लिए है, सर ने कहा है आपको देने के लिए, आप खा लीजिए, हमारे सर को ना शब्द से नफ़रत है।"

दीपिका अकड़ कर कहती है "मैं क्या आपके सर से डरती हूँ? आप लोग डरते होंगे। मुझे नहीं खाना।"

तभी एक उमर में थोड़ी बड़ी जो हव भाव से ही उनकी हेड लग रही थी और दीपिका से कहती है "एकदम ठीक, क्यूँ डरेगी सर से? सर कोई शेर है क्या?"

इस मैडम का नाम है रीटा फर्नेंदिस। लड़कियां रीटा की बातें सुन हंसने लगती है, तभी रीटा उन लड़कियों को देखती है, रीटा की आँखे देख वह लड़कियाँ वहाँ से चली जाती है।

रीटा बड़े प्यार से दीपिका को कहती है "आप बैठिए, आपको देखकर लगता है सुबह से आपने कुछ नहीं खाया है। थोड़ा खाएँगी तो अच्छा लगेगा। हमारे सर बहुत अच्छे है। लोग उन्हें समझ नहीं पाते और उन्हें खड़ूस कहते है। बहुत कम उमर में उन्होंने बहुत कुछ देख लिया है इसलिए वह एकदम चुपचाप रहते है।"

दीपिका बात सुनते सुनते कब पूरी काजू किसमिस और कूकीस की प्लेट ख़ाली कर दी और पूरा जूस पी लिया, उसे पता ही नहीं चला।

रीटा बात करते करते सी सी टी वी कैमरे में देखती है और दूसरी तरफ़ अपने कमरे में बैठकर ऋषभ अपने कमरे में लगे सी सी टी वी कैमरा को देखता है और एक हल्की सी मुस्कान देता है।

दरअसल ऋषभ का इरादा यह था की दीपिका कुछ खा ले क्यूँकि वो बहुत कमजोर लग रही थी।

ऋषभ थोड़ी देर में एक फ़ाइल लेकर दीपिका के पास आता है जो रीटा मैडम के साथ बैठकर हंसते हुए बात कर रही थी।

दीपिका की हंसी इतनी खूबसूरत थी कि ऋषभ कुछ सेकंड के लिए बस उसको ही देखता रह जाता है।

अचानक दीपिका की नज़र ऋषभ पर पड़ती है जो उसे एकटक देख रहा था, उससे कहती है "आप मुझे यहाँ क्यूँ लाए है?"

ऋषभ रीटा से कहता है "रीटा मैम, आपका काम ख़त्म, अब आप जा सकती है।"

दीपिका उन दोनों को बात करते हुए देख रही थी।

रीटा "यस सर" बोलकर वहाँ से चली जाती है।

फिर ऋषभ फ़ाइल को दीपिका को देते हुए कहता है "यह है, हमारी शादी का कॉंट्रैक्ट, इसे साइन कर दीजिए।"

दीपिका फ़ाइल को लेते हुए कहती है "इसमें क्या लिखा है?"

ऋषभ उससे कहता है "यह हमारी शादी का कॉंट्रैक्ट है, इसमें लिखा है कि मैं आपसे जो कुछ कहूँगा, आप वो सब करेंगी, आपको दुनिया के सामने मेरी पत्नी की तरह रहना पड़ेगा ख़ास कर मेरे दादा जी के सामने। आप मुझसे कभी भी दूर नहीं जा सकती और इसके बदले में आपके परिवार का पूरा ध्यान रखूँगा, आपके भाई का इलाज और उसके पढ़ाई का पूरा खर्चा मैं उठाऊँगा। आपके परिवार को कभी भी किसी चीज़ की कमी नहीं रहेगी।

और अगर आप मुझसे दूर जाने की कोशिश करेंगे तो आपको ५०० करोड़ रुपए मुझे देने पड़ेंगे।

अब आप इन पेपर पर साइन कर दीजिए।"

दीपिका ऋषभ से पूछती है "आपको तो कोई भी मिल सकती थी, आपने मुझे ही क्यूँ चुना शादी के लिए?"

ऋषभ दीपिका की ओर अपनी भूरी आँखो से देखता है और कहता है "मुझे आप पसंद आयी, और मैंने निश्चय किया मेरी पत्नी की भूमिका आप से अच्छी कोई नहीं निभा सकता और ऋषभ ओबेरॉय को जो चीज़ पसंद आ जाती है उसे वो हासिल करके ही दम लेता है। अगर आपके सवाल ख़त्म हो गए हो तो आप इन कॉंट्रैक्ट पेपर पर सिग्नेचर कर दीजिए।"

दीपिका उन पेपर पर बिना पढ़े ही साइन कर देती है। तभी उसका फ़ोन बज उठता है। फ़ोन उसके मामा जी का था।

हेलो, जी मामा जी कहिए?

हेलो, बेटा, कहाँ हो तुम? काफ़ी देर हो गयी है तुम नज़र नहीं आ रही हो।

मैं आ ही रही हूँ मामा जी। आप चिंता मत कीजिए।

मामा जी : दीपिका बेटा, तुमने क्या किया है? डॉक्टर अभी आकाश का ऑपरेशन कर रहे है, कह रहे है कि किसी ऋषभ ओबेरॉय ने सारा पेमेंट कर दिया है। मुझे कुछ समझ में नहीं आ रहा है।

दीपिका : मामा जी मैं आ रही हूँ, आपको सब कुछ बताती हूँ, आप बस मामी का ध्यान रखिए, मेरे रहते हुए मेरे भाई को कुछ नहीं हो सकता। मैं बहुत कुछ खो चुकी हूँ, अब मुझमें कुछ भी खोने की हिम्मत नहीं है।

मामा जी : बस तू जल्दी आ जा बेटा, मुझे बड़ी फ़िक्र हो रही है।

दीपिका का गला भारी हो रहा था इसलिए उसने फ़ोन कट कर दिया।

दीपिका को ऐसी हालत में देख ऋषभ का पता नहीं क्यूँ मन कर रहा था कि वो जाकर दीपिका को सम्भाले और उससे कहे कि उसे चिंता करने की कोई आवश्यकता नहीं है वो है ना! वो सब ठीक कर देगा। लेकिन यह सब उसके कैरेक्टर को सूट नहीं करता।

और तभी ऋषभ ने बड़े रौब से दीपिका को कहा "अगर आपका हो गया हो तो हम चलें, आपके पास एक दिन है अपने परिवार के साथ, कल अपना सारा समान पैक कर लीजिएगा मैं आपको लेने आऊँगा।"

दीपिका चौंक कर ऋषभ से कहती है "आप मेरे साथ नहीं जा सकते, मैं अपने परिवार को क्या कहूँगी ?मैं खुद चली जाऊँगी।"

ऋषभ अपने ही अन्दाज़ में कहता है "मैं आपसे पूछ नहीं रहा हूँ, मैं आपको बता रहा हूँ कि आपको क्या करना है ? आपने अभी अभी कॉंट्रैक्ट पेपर्स साइन किये हैं और उनमें लिखा है कि मैं जो कुछ कहूँगा वो आप करेंगी, तो हॉस्पिटल चलें मिसेज़ ओबेरॉय ?"

दीपिका चुपचाप सर झुकाये वहाँ से जाने लगी तभी ऋषभ उसका हाथ पकड़ कर कहता है "ऐसे नहीं, आप मेरे साथ चलेगी।"

दीपिका गुस्से में ऋषभ का हाथ झटकते हुए कहती है "आप मेरे साथ ज़बरदस्ती नहीं कर सकते है, मैंने आपका कॉंट्रैक्ट साइन किया है इसका मतलब यह नहीं है कि मैं आपकी गुलाम हो गयी हूँ।"

ऋषभ दीपिका के होंठों पर अपनी उँगली रखते हुए कहता है "श्श्श।। आपको पता नहीं है और अंदाज़ा भी नहीं है कि मैं आपके साथ क्या क्या कर सकता हूँ?, मुझे ना सुनने की आदत नहीं है। इसलिए जितना मैं कह रहा हूँ उतना करिए।"

दीपिका थोड़ा सहम जाती है ऋषभ के इस रूप को देखकर, वह बिना कुछ बोले ऋषभ के साथ चलने लगती है।

दोनों हॉस्पिटल पहुँचते है। दीपिका पहले दौड़कर मामा जी के पास पहुँचती है।

मामा उसे देखते ही गले लगा लेते है और उसे आश्चर्य से देखते है और पूछते है "बेटा, यहाँ क्या हो रहा है? कोई सागर नाम का लड़का है जो सब कुछ देख रहा है और पूछने पर बोलता है की ऋषभ ओबेरॉय ने डॉक्टर को बोला है ऑपरेशन करने के लिए, आख़िर कौन है यह ऋषभ ओबेरॉय कौन है?

तभी ऋषभ अपने दो बौडी गार्ड और बचपन के दोस्त रोहित के साथ पहुँचता है और कहता है "मामा जी, मैं हूँ ऋषभ ओबेरॉय, आपका दामाद। ससुर जी को मेरा प्रणाम।"

ऋषभ के इतना बोलते ही दीपिका उसे घूरकर देखने लगती है। उसका मन कर रहा था कि मिस्टर ओबेरॉय को अलग ले जाकर बहुत झाड़े। लेकिन अब उसे घूरने के अलावा कुछ नहीं कर सकती थी।

मामा जी हैरान होकर पूछते है "जी, आप क्या बोल रहे है? आप मेरे दामाद है?"

इतना सुनते ही मामी जी आकर दीपिका को ज़ोर से थप्पड़ मारती है और उसे भला बुरा सुनाने लग गई "जहाँ कहीं पैसा वाला मिला उसे फ़साने चली गयी कहाँ अपना मूह काला कर के आयी है।"

इतना बोलते ही दूसरा थप्पड़ मारने जाती है कि ऋषभ उनका हाथ पकड़ लेता है और कहता है "मामी जी ज़रा संभलके, आप किस पर हाथ उठा रही है उस पर ध्यान रहे, यह मेरी वाइफ़ है मिसेस ओबेरॉय। आज इन्ही की वजह से आपके बेटे का इलाज हो रहा है। अगर आपको इतनी तकलीफ़ हो रही है तो मेरे १५००००₹ वापस कर दीजिए।"

ऋषभ के गुस्से को देख मामी सहम कर चुप हो जाती है।

ऋषभ मामा जी से कहता है कि "मैं कल आकर दीपिका को ले जाऊँगा, आप उसका सामान पैक करवा दीजिएगा और आज से आपको किसी भी चीज़ की ज़रूरत हो आप सीधे मुझसे बात करेंगे, यह लीजिए मेरा कार्ड और आपके बेटे को कुछ नहीं होगा वो मेरी ज़िम्मेदारी है।"

ऋषभ मामी से कहता है "मामी जी, दीपिका को अगर आपकी तरफ़ से एक भी चोट लगी तो मैं भूल जाऊँगा की आप उनकी मामी है, याद रखिएगा, अब जाइये, अपनी बेटी की विदाई की तैयारी कीजिए।"

दीपिका वहाँ खड़े बस ऋषभ को देख रही थी और उसको समझने की कोशिश कर रही थी, तभी मामा जी उसका हाथ पकड़ते हुए कहते है "बेटा यह सब क्या हो रहा है, मुझे कुछ समझ में नहीं आ रहा है।"

दीपिका कहती है "मामा जी मुझे माफ़ कर दीजिए, मैं आकाश को खोना नहीं चाहती थी। मुझे कुछ समझ में नहीं आ रहा था, मैंने ऋषभ से शादी का फ़ैसला इसलिए करा क्यूँकि इन्होंने आकाश के ऑपरेशन का ज़िम्मा लिया है। रणवीर और आलया के धोखे के बाद यह आकाश ही था जिसने मुझे टूटने नहीं दिया। यह मेरा सब कुछ है, मैं इसे अपनी आँखो के सामने इतने दर्द में नहीं देख सकती।"

ऋषभ बस दीपिका के दर्द को महसूस कर रहा था उसे उसका चेहरा बहुत मायूस लगा, उसका मन कर रहा था कि वो दीपिका के आँसू पोंछे लेकिन वो तो ऋषभ ओबेरॉय हैं, जो किसी के सामने झुकता नहीं।

अपने बचपन के दोस्त रोहित से ऋषभ अपनी फ़ीलिंग नहीं छुपा सकता था। उसने ऋषभ से कहा "इतनी तकलीफ़ हो रही है उसे रोता हुआ देख तो जा ना उसे बता की तू है उसके साथ। क्यूँ यहाँ खड़ा अपने आपको सता रहा है?"

तब ऋषभ दीपिका के पास जाता है और उससे कहता है "आपका मायके में एक दिन है, हंसते हुए बिताइये, मैं चलता हूँ। कल आऊँगा, रेडी रहिएगा।"

रोहित बस ऋषभ के अन्दाज़ को देखता है और अपने मन ही मन कहता है "प्यार करता है, फ़िक्र करता है पर जताएगा नहीं, पर मैं खुश हूँ कि कोई तो तेरी ज़िंदगी में आया।"

ऋषभ और रोहित वहाँ से चले जाते हैं।

दीपिका उन्हें जाते हुए देखती रहती है।

इधर आकाश का ऑपरेशन हो जाता है, उसे कमरे में शिफ़्ट कर दिया जाता है।

दीपिका मामा से कहकर घर चली जाती है। सारी रात उसे नींद नहीं आती और दूसरी तरफ़ ऋषभ को भी नींद नहीं आ रही थी, दोनों के दिमाग़ में एक दूसरे का चेहरा घूम रहा था। दोनों ही घड़ी देख रहे थे और सुबह का इंतज़ार कर रहे थे। करवटें लेते लेते सुबह हो गयी।

सुबह होते ही मामा जी का फ़ोन आया दीपिका को कि आकाश को डिस्चार्ज कर दिया गया है और वे घर आ रहे है।

दीपिका यह सुन बहुत खुश हो जाती है वह घर को सजाने लगती है, आकाश का मनपसंद केक बनाती है।

दो तीन घंटो बाद मामा मामी आकाश को लेकर घर पहुँचते है।

दीपिका बड़े प्यार से उनका स्वागत करती है। मामी तो उससे बात भी नहीं करती और मुंह बनाती हुयी अपने कमरे में चली जाती है।

दीपिका आकाश को उसके कमरे में ले जाती है और उसे आराम करने को कहती है। आकाश उसे अपने पास रुकने को कहता है। दीपिका उस से कहती है कि वह थोड़ी देर में आती है।

दीपिका अपने मामा के पास जाती है जो बरामदे में चुपचाप सर झुकाये बैठे हुए थे।

दीपिका कहती है "मामा जी, आपसे एक विनती है, आकाश को नहीं मालूम होना चाहिए कि मैं शादी कर रही हूँ। उसे मैं अपने तरीक़े से समझा दूँगी, अभी उसका दिल कमजोर है वह सह नहीं पाएगा।"

मामी जी तभी वहाँ आ कर के दीपिका को धक्का देते हुए कहती है "तुझे इतना दिखावा करने की ज़रूरत नहीं, हम भी नहीं चाहते कि आकाश को तेरी वजह से कोई परेशानी हो। जितना जल्दी हो सके मेरे घर से निकलो। समाज में हमारी इज्ज़त है, तेरी वजह से हमारी नाक नहीं कटनी चाहिए।"

तभी मामा जी मामी से कहते है "जिसे तुम इतनी खरी खोटी सुना रही हो आज उसी के वजह से तुम्हारा बेटा तुम्हारे सामने है, जाओ जाके बच्ची की विदाई की तैयारी करो और दीदी ने जो गहने उसके लिए रखे है, उसे ले आओ।"

मामा जी को कभी इतने गुस्से में किसी ने नहीं देखा था। मामी जी चुपचाप घर के अंदर चली जाती है।

तभी आकाश की आवाज़ अंदर से आती है, दीपिका दौड़कर अंदर जाती है।

क्या हुआ आकाश? कहीं दर्द हो रहा है?डॉक्टर को फ़ोन करूँ?"

आकाश: दीदी, शांत, शांत, कुछ नहीं हुआ है, सब ठीक है, आप बस मेरे पास रहो। आप नहीं रहते तो मुझे अच्छा नहीं लगता है।

दीपिका: मुझे तुझसे एक बात करनी है, लेकिन प्रोमिस कर तू गुस्सा नहीं करेगा।

आकाश : क्या हुआ दीदी? कोई परेशानी है? माँ ने कुछ कहा?

दीपिका : नहीं, किसी ने मुझे कुछ नहीं कहा, मुझे एक नौकरी मिली है, और मुझे वही अपने बॉस के घर में ही रहना पड़ेगा तो मुझे आज रात ही निकलना पड़ेगा।

आकाश : नहीं दीदी, आपको ऐसी नौकरी करने की ज़रूरत नहीं, जहां आपको अपना घर छोड़ कर जाना पड़े।

दीपिका : भाई मेरे क्या तू नहीं चाहता की मैं अपने पैरो पर खड़ी होऊं। मामा मामी की सेवा कर सकूँ, तेरी हर डिमांड पूरी कर सकूँ।

आकाश : हाँ, मैं चाहता तो हूँ, पर वो तो आप यहाँ पर रहकर भी कर सकती है। उसके लिए घर छोड़कर जाने की क्या ज़रूरत है।

दीपिका : ओबेरॉय कम्पनी में नौकरी मिली है, और उनके सभी एम्प्लोयी उनके बंगले में ही रहते है। मैं तुझसे मिलने आया करूँगी। तू मन लगा के पढ़ाई करना। और किसी भी चीज़ की ज़रूरत हो तो मुझे कॉल करना। और किसी तरह वह आकाश को मना ही लेती है।

देखते देखते शाम हो जाती है, दीपिका अपना ज़रूरत का समान पैक कर लेती है।

तभी घर के सामने बड़ी सी गाड़ी आकर रुकती है, और दीपिका मामा और आकाश से विदा लेकर गाड़ी में बैठ जाती है। मामी कमरे के अंदर ही रहती है, वह बाहर नहीं निकलती।

दीपिका ड्राइवर अंकल को बोलती है "अंकल जी चलिए, अब यहाँ मेरा कुछ नहीं है।"

गाड़ी वहाँ से चली जाती है, दीपिका अपनी आँखे बंद कर लेती और उसकी आँखे तब खुलती है जब गाड़ी रुकती है। गाड़ी ओबेरॉय गेस्ट हाउस के सामने रुकती है। दीपिका गाड़ी से उतरती है, दो वेल ड्रेस्ड सुंदर लड़कियाँ आती है और उसे लेकर अंदर चल पड़ती हैं।

वे उसे लेकर एक बड़े से कमरे में आती हैं। दीपिका अंदर से थोड़ा घबराती है। तभी कमरे में एक लेडी आती है और साथ में कई सुंदर ड्रेस की ट्रॉली लाती है और उससे कहती है "मैम आप तैयार हो जाइये, सर आते ही होंगे।" इतना कह कर वह लेडी वहाँ से चली जाती है।

दीपिका अपने बैग से एक ड्रेस निकालकर वाश कमरे जाने लगती है तभी ऋषभ कमरे में आता है और दीपिका से कहता है "आप अभी रेडी नहीं हुयी, एक ड्रेस लीजिए और फ्रेश हो जाइये।"

दीपिका कहती है "मुझे आपकी कोई चीज़ नहीं चाहिए, मैं अपने कपड़े लायी हूँ।"

ऋषभ दीपिका को कमर से पकड़ अपनी तरफ़ खींचता है मिसेज़ ओबेरॉय "आप शायद भूल रही है कि आपने कॉंट्रैक्ट साइन किया है जिसमें लिखा है कि आपको वही कुछ करना होगा जो मैं कहूँगा आपसे, और आप मिसेस ओबेरॉय है तो आपका स्टाइल तो अलग होना ही चाहिए।"

दीपिका उसे धक्का देकर दूर करती है और गुस्से में कहती है "आप मुझसे दूर रहिए, आप ज़बरदस्ती नहीं कर सकते है मेरे साथ मिस्टर ओबेरॉय।"

ऋषभ कहता है "मिसेस ओबेरॉय, आपको अंदाज़ा भी नहीं है कि मैं क्या क्या कर सकता हूँ। इसलिए बेहतर यही होगा कि आप तैयार होकर नीचे डिनर टेबल पर आ जाएँ। मैं आपका नीचे इंतज़ार कर रहा हूँ।"

ऋषभ वहाँ से चला जाता है और दीपिका थोड़ी देर वही बेड पर बैठी रोती है और अपने आपसे ही कहती है "नहीं दीपु, तुझे नहीं रोना है, तुझे कमजोर नहीं बनना है।" वह उठती है और वाशरूम चली जाती है।

डिनर टेबल पर ऋषभ दीपिका का इंतज़ार कर रहा होता है। तभी दीपिका सीढ़ियों से नीचे उतरती है, वह बहुत खूबसूरत लग रही थी गुलाबी साड़ी में। ऋषभ तो एक सेकंड के लिए खो ही गया था। तभी शेफ़ कहते है सर खाना लगा दूँ। ऋषभ उन्हें इशारे से हाँ कह देता है।

दीपिका चुपचाप कुर्सी में बैठ जाती है और खाना खाने लगती है।

ऋषभ खाते, खाते दीपिका से कहता है "कल हम दादाजी के पास जाएँगे, आप तैयार रहिएगा, और हाँ कोई होशियारी करने की कोशिस मत करिएगा मिसेस ओबेरॉय।"

दीपिका चुपचाप ऋषभ की बात सुन रही थी, उसने कुछ नहीं कहा और खाना खाने के बाद बिना कुछ बोले सीधे ऊपर कमरे में चली गयी।

कमरे में जाकर वह तकिया लेकर सोफ़े पर लेट जाती है और उसकी आँख लग जाती है। ऋषभ काफ़ी देर बाद कमरे में आता है और दीपिका को सोफ़े में सिकुड़ कर सोते हुए देखता है।

ऋषभ उसे गोद में उठाकर बेड पर सुला देता है, और कम्बल ओढा देता है। बालों की एक लट जो दीपिका को परेशान कर रही थी, ऋषभ उन बालों को दीपिका के कानो के पास कर देता है और कमरे की लाइट बंद कर खुद सोफ़े पर सो जाता है।

सुबह के ६ बजते है दीपिका जग जाती है और अंगड़ाई लेकर उठती है। खुद को बेड पर पाके इधर उधर देखती है, तो उसे ऋषभ सोफ़े पर मिलता है। वह उठकर ऋषभ के पास जाती है और कहती है "सोते हुए एकदम नादान बच्चे की तरह लगते है और जब जगे हुए रहते है तो जंगली शेर की तरह गुरति रहते है।"

दीपिका गुनगुनाते हुए वाशरूम में चली जाती है।

दीपिका को लगा की ऋषभ सो रहा है लेकिन उसने दीपिका की सारी बातें सुनी और उसके वाशरूम में जाने के बाद ऋषभ आँखे खोलता है और मुस्कुराते हुए करवट बदल कर फिर अपनी आँखे बंद कर लेता है।

दीपिका फ़्रेश होकर निकलती है, गीले बाल, लाल साड़ी, ऋषभ उसकी सुंदरता को अधखुली आँखो से देख रहा था।

दीपिका शीशे के सामने बैठ मेक अप करती है, चूड़ियाँ पहनती है, तभी वह शीशे में देखती है कि ऋषभ उसकी तरफ़ आ रहा है।

वह घबराकर खड़ी हो जाती है, ऋषभ उसके बहुत क़रीब आ जाता है, इतने करीब कि दोनों एक दूसरे की साँसो को महसूस कर पा रहे हैं, दीपिका घबराकर अपनी आँखे बंद कर लेती है, ऋषभ, ड्रेसिंग टेबल में रखे मंगल सूत्र को उठाकर दीपिका के गले में पहना देता है और उसकी माँग में सिंदूर भर देता है, दीपिका चाह कर भी उसे नहीं रोक पा रही थी क्यूँकि वो रोकना ही नहीं चाहती थी।

तभी ऋषभ मुस्कुराते हुए कहता है, हम्म, तो अब आप लग रही है मिसेस ओबेरॉय। जल्दी से नीचे आ जाइये, हमें ब्रेक्फ़स्ट करके निकलना है।"

ऋषभ तौलिया लेकर वाशरूम में चला जाता है।

दीपिका अपनी सजी हुयी माँग और गले में पहने मंगल सूत्र को शीशे में देखती है।

कुछ देर वही खड़े होकर सोचती है कि वो कहाँ आ गयी है। फिर उसे आकाश की याद आती है। वह मामा जी को फ़ोन लगा कर आकाश का हाल चाल पूछती है, तब मामा जी उसे बताते है कि आकाश ठीक है, डॉक्टर्स आकर आकाश को देख कर गए है। वह ऋषभकी बहुत तारीफ़ करते है। दीपिका बात करते करते सोचती है, सभी मिस्टर ओबेरॉय की इतनी तारीफ़ करते है। उसे तो वह बड़ा खड़ूस लगता है हमेशा अपनी ओबेरॉय गिरी झाड़ने लगता है।" मामा जी से बात करने के बाद, उसकी नज़र वहीँ रखे ऋषभ के कोट पर पड़ती है, तभी उसे पता नहीं क्यूँ एक शैतानी सूझती है, वह ऋषभ के कोट को पहन कर उसका चश्मा लगाती है, फिर शीशे के सामने जाकर मिस्टर ओबेरॉय के अन्दाज़ में ऐक्टिंग करने लगती है "तुम्हें शायद अंदाज़ा भी नहीं है, मैं तुम्हारे साथ क्या क्या कर सकता हूँ मिसेस ओबेरॉय, इसलिए ज़्यादा होशियारी करने की कोशिश मत करना। आपको मैं जो कुछ कहूँगा आपको वही करना होगा।"

दीपिका को पता नहीं था कि ऋषभ उसे वाशरूम के दरवाज़े पर खड़ा होकर देख रहा था।

ऋषभ तभी कहता है "अच्छी ऐक्टिंग कर लेतीं हैं मेरी, बड़े गौर से आपने मुझे देखा है, क्या बात है?"

ऋषभ को देख वह घबरा जाती है और उसका कोट खोलने लगती है, और जैसे ही चश्मा निकालने लगती है तो चश्मे में उसके बाल उलझ जाते हैं, वह उसे सुलझाने की कोशिश करती है तो वह और भी उलझने लगते हैं।

ऋषभ को पुरानी बात याद आ जाती है कि किस तरह पहली बार कार में भी उसके कोट के बटन पर दीपिका के बाल उलझ गए थे।

ऋषभ दीपिका के पास जाकर कहता है "लगता है आपके बालों को मेरी चीजें बहुत पसंद आ गयी है, पहले बटन और अब चश्मा। लाइए मैं कर देता हूँ।"

दीपिका उससे थोड़ा दूर हट जाती है और कहती है "आप दूर रहिए मुझसे, बार बार मेरे पास आने की कोशिश मत करिये। मैं कर लूँगी।"

ऋषभ को दीपिका का रवयिया पसंद नहीं आया, वह उससे कहता है "मिसेस ओबेरॉय, मुझे कोई शौक़ नहीं है आपके पास आने का, मगर मजबूरी है, मेरे दादा जी की वजह से मुझे यह सब करना पड़ रहा है। मुझे मेरी पसंद की लड़की चाहिए थी इसलिए आप यहाँ है।"

इतना बोलते ही ऋषभ दीपिका के बहुत क़रीब चला जाता है और उसके बालों को चश्मे से अलग करने लगता है, दीपिका उसके आँखो को पहली बार इतने क़रीब से देखती है, उसके भीगे बाल, शरीर पर पानी की हल्की हल्की बूँदें। दीपिका उसके सामने अपने आपको कमजोर समझ रही थी, ऋषभ के क़रीब आते ही उसे कुछ होने लगता था इसलिए वह उसे अपने क़रीब नहीं आने देती थी।

ऋषभ चश्मे से उसके बाल सुलझा देता है और उसकी आँखो में देखते हुए कहता है "इस तरह अगर आप मुझे देखेंगी तो आपको मुझसे प्यार हो जाएगा।"

ऋषभ की बात सुन दीपिका उसे धक्का देकर कमरे से निकल जाती है। थोड़ी देर में ऋषभ तैयार होकर नीचे आता है। दोनों साथ ही नाश्ता करते है।

नाश्ता कर दोनों गाड़ी में बैठ दादा जी के पास जाने के लिए निकल पड़ते है।

गाड़ी में दोनों एक दूसरे से एक भी बात नहीं करते है। दीपिका अपनी आँखे बंद रखती है, और ऋषभ उसे घूरता रहता है।

गाड़ी एक बड़े से मेंशन में जाकर रुकती है। ऋषभ दीपिका से कहता है "चलिए मिसेस ओबेरॉय आपका ओबेरॉय मेंशन में स्वागत है।"

दीपिका गाड़ी से उतरती है और दोनों मेंशन की तरफ़ बड़ते है। ऋषभ दरवाज़े की घंटी बजाने वाला ही था था कि दरवाज़ा खुल जाता है, दरवाज़ा ऋषभ के दादाजी खोलते है। दरवाज़े पर दादाजी को देखकर ऋषभ बोलता है "हेलो दादू, कैसे हो आप ?"

दादू अकड़ कर बोलते हैं "मैं तो ठीक हूँ बरखुदार, मैं आपकी खबर बाद में लेता हूँ, पहले यह बतायिये आप के साथ यह बच्ची कौन है ?"

ऋषभ बोलता है "यह आपकी बहू है दादाजी, आप ही तो हमेशा कहते रहते थे शादी कर लो, शादी कर लो, तो मैंने कर ली शादी। मेरा काम ख़त्म, अब आप मेरे काम में मुझे कुछ नहीं बोलेंगे, मैं ने आपकी बात मानी है।"

इतना बोलते ही ऋषभ घर के अंदर जाने के लिए बढ़ता है कि दादा जी उसे रोक देते है। और जानकी को आवाज़ देते है "जानकी बेटा, ज़रा आरती की थाली ले आइये, बहू रानी की आरती उतारनी है।

जानकी आरती की थाली ले आती है पीछे और भी दो सर्वेन्ट्स रहती है। उनके हाथों में चावल भरा कलश और कुमकुम की थाली रहती है।

जानकी दीपिका और ऋषभ की आरती उतारती है फिर दीपिका अपने पाव से हल्के से कलश को गिराती है और कुमकुम की थाली में पैर रख घर में प्रवेश करती है।

ऋषभ तभी कहता है "जानकी माँ, आपका हो गया हो तो मैं अपने कमरे में जाऊँ ?"

तभी दादाजी कहते है "जी नहीं बरखुदार, आप दोनों मेरे पास बैठिए, आप दोनों से कुछ बात करनी है।"

दादाजी बड़े प्यार से दीपिका को अपने पास बिठाते है और उससे पूछते है "आपका नाम क्या है बेटा ?हमारे इस शैतान को आप कहाँ मिल गयी "

दीपिका कहने ही वाली होती है कि ऋषभ बोल उठता है "दादू, इसका नाम दीपिका अरोरा है, मैं और यह १ महीने से डेट कर रहे है। मैं इससे बहुत प्यार करता हूँ। मैं ज़्यादा ताम झाम नहीं चाहता था इसलिए हमने मंदिर में शादी कर ली है।"

दीपिका सोचती है कि यह अपने दादाजी से झूठ क्यूँ बोल रहा है, मैं तो इससे दो दिन पहले ही मिली हूँ।

दादाजी फिर जानकी को कहते है "जानकी बेटा, आप ज़रा बहू को उनके कमरे में ले जाइये।

दादा जी दीपिका के जाने के बाद ऋषभ से बोलते है "ऋषभ, आपकी पसंद पर मुझे कोई शक नहीं है, बहू रानी, आप बहुत ख़ूबसूरत लाए है। लेकिन आपको इनके बारे में सारी जानकारी तो है न"

ऋषभ हाँ बोलता है और वहाँ से चला जाता है और दादाजी उन दोनों को जाते देख मुस्कुराते हैं।

जानकी दीपिका को उसके कमरे में ले जाती है और उससे कहती है "बहू रानी आप फ्रेश हो जाइये, मैं आपका खाना आपके कमरे में भिजवाती हूँ।"

इतना कह कर जानकी माँ वहाँ से चली जाती है।

दीपिका जानकी के जाने के बाद कमरे की सुंदरता को देखती है, सारी चीज़ें सलिके से अपनी जगह पर सजी हुयी थी। बड़ा सा किंग साइज़ बेड जो एकदम शाही बेड लग रहा था।

अचानक उसकी नज़र वहाँ कमरे में बनी वर्डरोब पर पड़ी, वहाँ लेडीज़ ड्रेसेज़ अच्छे तरीक़े से सजाए हुए है, उसने सोचा इतनी सारी ड्रेस मिस्टर ओबेरॉय के सिवाय तो कोई नहीं रख सकता। दीपिका उन्मे से एक ड्रेस निकाल कर वाशरूम चली जाती है। थोड़ी देर बाद ऋषभ भी कमरे में आता है और वाशरूम में पानी की आवाज़ सुन वो समझ जाता है कि दीपिका वाशरूम में है। ऋषभ के हाथ कुछ फ़ाइल्ज़ और उसका पर्सनल लैप्टॉप था। जिसे वह सेंटर टेबल पर रखकर वर्डरोब से कपड़े निकालने जाता है और अपना शर्ट उतारता है की तभी दीपिका वाशरूम से निक लती है और ऋषभ को शर्ट लेस देख कर उसके अंदर कुछ हलचल होने लगती है, ऋषभ को अहसास हो गया था कि दीपिका उसे देख रही है।

ऋषभ तभी अचानक दीपिका की तरफ़ मुड़ता है तो दीपिका थोड़ा हड़बड़ा जाती है और नज़र झुकाके वहाँ से निकलने को होती है कि ऋषभ उसका हाथ पकड़ कर अपनी ओर खींच लेता है।

दीपिका उससे धीरे से कहती है "क्या कर रहे है मिस्टर ओबेरॉय? छोड़िए मुझे।"

ऋषभ कहता है "आज आप बला की ख़ूबसूरत लग रही हैं और मैं खुद को रोक नहीं पा रहा हूँ। आपको छोड़ने के लिए तो नहीं पकड़ा है।"

ऋषभ के आगोश में दीपिका अपने आपको बहकने देना चाहती थी, यह अहसास उसके लिए भी नया था, हालाँकि वह रणवीर के साथ रिलेशन शिप में थी लेकिन उसने कभी अपनी लिमिट क्रॉस नहीं करी थी।

ऋषभ उसके होंठों के पास अपने होंठ लाता है, दीपिका अपनी आँखे बंद कर देती है। ऋषभ उसके गुलाबी होंठों से अपने होंठ लगा देता है, क़रीब २ मिनट तक वे एक दूसरे को किस करते

है, दीपिका ने अपने आपको बहकने दिया लेकिन कुछ ही देर में उसकी साँस उखड़ने लगती है तो ऋषभ उसे छोड़ देता है।

ऋषभ कहता है "आप ठीक है मिसेस ओबेरॉय ?

दीपिका शर्मा सर को नीचे करे हुए ही हाँ में जवाब देती है। तभी दरवाज़े पर दस्तक होती है, ऋषभ दरवाज़ा खोलता है तो देखता कि जानकी माँ खाने की ट्रे लेकर खड़ी है।

जानकी माँ खाने की ट्रे टेबल पर रखते हुए कहती है "आप लोग खाना खा लीजिएगा।"

जानकी माँ के जाने के बाद दोनों एक साथ बैठकर खाना खाते है।

खाना खाने के बाद ऋषभ दीपिका से कहता है "आप सो जाइये, कल आपसे कुछ ज़रूरी बात करनी है।"

दीपिका काफ़ी थकी हुयी होती है वह बेड पर लेटते ही सो जाती है। और ऋषभ अपने लैपटॉप को लेकर बैठता है जिसमें वह दीपिका की डिटेल्ज़ पढ़ रहा था। काफ़ी देर सारे डॉक्युमेंट्स पढ़ कर अचानक किसी फ़ोटो पर उसकी नज़र अटक जाती है जिसे देख उसके चहरे से गुस्से और नफ़रत के भाव छलकने लगते है। वह एक टेढ़ी मुस्कान से बोलता है "जल्द ही तुमसे मुलाक़ात होगी।"

अगले दिन सुबह ६ बजे रोज़ की तरह दीपिका की आँखे खुलती है वह अंगड़ाई लेकर उठती है, और देखती है कि ऋषभ काउच पर सो रहा है।

दीपिका उठकर ऋषभ के पास जाती है और उसे पिछली रात की ऋषभ की किस याद आ जाती है, वह बड़े प्यार से ऋषभ को देखती है और उसके बालों को सहलाते हुए उसकी उँगली धीरे धीरे ऋषभ के होंठों तक पहुँचती है तो ऋषभ हड़बड़ा कर उठ जाता है "आप, इतनी सुबह, क्या कर रही है ? सो जाइये, और मुझे भी सोने दीजिए।" बोलते ही आँखे बंद कर दूसरी तरफ़ करवट ले सो जाता है। दीपिका उससे कहती है "उठ जाइये, मैं जा रही हूँ।"

ऋषभ झट से मुड़ कर दीपिका का हाथ पकड़ कर अपने पास खींच लेता है "कहाँ जा रही है आप ? आप ऐसे कही नहीं जा सकती है।"

ऋषभ की पकड़ से निकल कर बोलती है "नहाने जा रही हूँ बाबा, आपको छोड़ कर कहीं नहीं जा रही हूँ। आप उठ जयिए।"

ऋषभ कहता है "इतनी सुबह कौन उठता है ?, मेरी १० बजे मीटिंग है। आप ९ बजे मुझे उठा दीजिएगा।"

दीपिका वाशरूम चली जाती है। आधे घंटे बाद जब वह वाशरूम से निकलती है तो ऋषभ अब भी सो रहा था। वह शीशे के सामने चली जाती है।

भीगे बाल उसके पतली कमर को छू रहे थे, गले में मंगल सूत्र, माँग में सिंदूर और नेट की साड़ी में दीपिका बहुत ही सुंदर लग रही है।

दीपिका शीशे के सामने खड़े अपने आप को देख ही रही थी कि ना जाने कब ऋषभ वहाँ आ गया और उसे पीछे से उसके कमर के गिर्द हाथ डाल कर पकड़ लेता है और उसके बालों को गर्दन से बाज़ू हटाकर उसके कानो में हौले से कहता है "वाइफ़ी, आपको इतनी ख़ूबसूरत लगने की इजाज़त नहीं है, आपको मेरे दिल के क़त्ल के इल्ज़ाम में गिरफ़्तार कर लिया जाएगा।"

इतना बोलते ही वह दीपिका के गालों पर किस कर देता है।

दीपिका शरम से लाल हो जाती है और ऋषभ की पकड़ से अलग होकर कहती है "आप जब उठ ही गए है तो, नहा लीजिए, मुझे आपसे बहुत ज़रूरी बात करनी है और आज ही करनी है।"

ऋषभ को दीपिका थोड़ी परेशान लगी इसलिए बिना कुछ कहे वह अपने कपड़े लेकर वाशरूम चला गया।

दीपिका बालकनी में जाकर चुपचाप समुद्र की लहरो को देख रही थी और अपने अतीत को याद कर रही थी, उसने आज ठान लिया था कि वह ऋषभ को अपने अतीत के बारे में सब कुछ बता देगी क्यूँकि वह अपने भविष्य पर अतीत का साया नहीं पड़ने देना चाहती है।

ऋषभ वाशरूम से निकल कर दीपिका को ढूँढता है तो उसकी नज़र बालकनी पर पड़ती है जहाँ दीपिका शांत बैठ कर समुद्र की लहरों को देख रही है।

ऋषभ कपड़े पहन दीपिका के पास जाता है और उससे कहता है "क्या हुआ? आप इतनी उदास क्यूँ हो?क्या बात करनी है?"

दीपिका घड़ी की तरफ़ देख कर कहती है "आप को देर तो नहीं हो जाएगी?"

ऋषभ कहता है "मेरा समय मेरे अनुसार चलता है, आप ज़्यादा इम्पोर्टेंट है, बताइए क्या बात है जिसके कारण आप मुरझा गयी है। आप मेरी ज़िम्मेदारी है, आपके हर प्रॉब्लम को सॉल्व करना मेरा काम है। अब बताइए, क्या ज़रूरी बात करनी है?"

दीपिका ऋषभ के पास आती है और कहने वाली ही होती है कि ऋषभ उसका हाथ पकड़ कर अपने पास खींचकर अपनी गोद में बिठा लेता है और कहता है," अब आप बेझिझक बतायिए, आपको क्या कहना है?"

दीपिका का चेहरा लाल हो जाता है और वह कहती है "अगर आप ऐसे शरारत करेंगे तो मेरा ध्यान भटक जाता है, मैं कैसे कहूँगी?"

ऋषभ कहता है "आज तक इस जगह को मैंने किसी को नहीं दिया है जहाँ आप बैठी है। ऋषभ की गोद में, सबसे सुरक्षित जगह में।"

दीपिका कहती है कि वह अपने अतीत के बारे में सब कुछ उसे कहना चाहती है। हालाँकि ऋषभ को दीपिका के बारे में सबकूछ पता था जिसके बारे में दीपिका को मालूम नहीं था।

दीपिका कहना आरम्भ करती है "मेरा पूरा नाम दीपिका अरोरा है, मैं गुजरात से बिलोंग करती हूँ। बचपन में ही मैंने अपने माता पिता को खो दिया था, एक दादू थे जिनके साथ मेरा बहुत ही गहरा अटैच्मेंट था लेकिन मुंबई में आने से पहले उनकी भी डेथ हो गयी। इनके अलावा मेरे ज़िंदगी में और भी दो लोग थे, मेरी बेस्ट फ्रेंड आलया और मेरा बॉय फ्रेंड रणवीर।

रणवीर का नाम सुनते ही ऋषभ के पूरे शरीर में आग लग गयी।

दीपिका ने थोड़ी सी आह भरी और चुप हो गयी।

ऋषभ उसके गालों को पकड़ते हुए बोला "मैं सुन रहा हूँ, तुम्हारे दिल में जो कुछ भी है आज बोल ही डालो, कुछ भी बोझ उठाने की ज़रूरत नहीं है।"

दीपिका ऋषभ के चहरे को देखती है और उसकी आँखों में अपने लिए एक भरोसा नज़र आता है

दीपिका ऋषभ के हाथों को पकड़ते हुए कहती है "मेरे दादू की कम्पनी और मेरी कुछ प्रॉपर्टी थी जिसे रणवीर ने धोखे से छीन लिया। गुजरात में हमारे परिवार का बहुत नाम था। लेकिन जैसे ही कम्पनी रणवीर के हाथ आयी सबकूछ बर्बाद हो गया। मेरी प्रॉपर्टी के लिए रणवीर ने मुझसे प्यार का नाटक किया और मेरी बेस्ट फ्रेंड, मेरी बचपन की सहेली ने भी मुझसे धोखा किया। फिर मैं यहाँ मुंबई आ गयी, यहाँ मेरे बारे में कोई कुछ ज़्यादा नहीं जा नता है। मामा जी को ज़्यादा कुछ नहीं मालूम, मामी को लगता है मैं अपनी प्रॉपर्टी दान कर के यहाँ उनके पास आ गयी हूँ। लेकिन ऐसा कुछ भी नहीं था। मैं उस दिन पूरी तरह से टूट गयी थी जिस दिन मैंने रणवीर और आलया को एक ही बिस्तर पर रंगे हाथ पकड़ा था। वे दोनों बेशर्मों की तरह ...."

बोलते बोलते वह रोने लगी, उसकी आँखो से आँसूओ की धारायें बहने लगी। ऋषभ ने उसके आँसूओं को पोछते हुए उससे पूछा कि उसकी कम्पनी का क्या नाम है? हालाँकि ऋषभ को सब कुछ उसी दिन मालूम पड़ गया था जब उसने दीपिका से शादी की थी और जो कुछ बचा था उसने पिछली रात ही सब कुछ मालूम कर लिया था।

दीपिका कहती है की हमारी एक इवेंट मैनेज्मेंट कम्पनी थी, मैंने बहुत प्यार से कम्पनी को ग्रो किया था। हमारी कम्पनी का नाम था प्लैटिनम इवेंट मेनेजमेंट कम्पनी, मैं जब तक ओनर थी तब तक तो यह गुजरात की नामी कम्पनी में से एक थी। आज की मुझे कोई खबर नहीं है।

दीपिका को अपने दादा जी की बहुत याद आ रही थी वह अपने आप को रोक नहीं पा रही थी बच्चों की तरह रो रही थी।

दीपिका को रोते देख ऋषभ का गुस्सा और भी बड़ता जा रहा था लेकिन वह दीपिका को जताना नहीं चाहता था कि उसे सब कुछ पहले से मालूम है।

ऋषभ दीपिका को खींचकर अपने गले से लगा लेता है और उसके माथे पर किस कर देता है और उसके गालों को पकड़ कर कहता है "आज आपको जितना रोना है, आप रो लीजिए। आज के बाद मैं आपकी आँखो में आँसू नहीं आने दूँगा यह ऋषभ ओबेरॉय का अपनी डीऐरेस्ट वाइफ़ को वादा है।" इतना बोलते ही ऋषभ उसकी आँखो पर किस कर देता है। दीपिका भी भावनाओं में बहती हुयी ऋषभ को पहली बार कस कर गले लगा लेती है। और ऋषभ के गालों को किस करते हुए कहती है "मिस्टर ओबेरॉय, आप मुझे कभी छोड़ेंगे तो नहीं न, मेरे पास आपको देने के लिए कुछ भी नहीं है। मैं इस दुनिया में बिल्कुल अकेली हूँ। मुझे धोखा तो नहीं देंगे, क्यूँ कि मुझमें और कुछ खोने की हिम्मत नहीं है।"

ऋषभ दीपिका के होंठों पर अंगुली रखते हुए कहता है "श्श्श...।। एकदम शांत, आप भूल रही है कि आप ऋषभ ओबेरॉय की वाइफ़ है, और ऋषभ एक बार किसी की ज़िम्मेदारी ले लेता है तो उसे निभाता है और आप तो ऋषभ के दिल में रहती है और अभी तो आप मेरे लैप में है।"

दीपिका ऋषभ की रोमैंटिक बात सुन शर्मा जाती है तो वह उसके गोद से उठ जाती है और जाने लगती है।

ऋषभ उसका हाथ पकड़ लेता है और उसे रोकते हुए कहता है "कहाँ जा रहीं है मुझे छोड़ कर ?"

दीपिका मुस्कुराते हुए कहती है "छोड़िए मुझे, नीचे जा रही हूँ, ब्रेक्फ़स्ट तैयार करने, आप की मीटिंग है, आप जल्दी से तैयार होकर नीचे आ जाइये।"

दीपिका चली जाती है और ऋषभ उसे जाते देख मुस्कुराता है।

दीपिका के जाने के बाद ऋषभ सागर को फ़ोन करता है और उसे बोलता है कि "मुझे प्लैटिनम इवेंट मनेजमेंट कम्पनी की पूरी डिटेल्ज़ चाहिए, ।"

सागर उसे यस सर बोलता है, ऋषभ फ़ोन कट कर देता है।

दीपिका का रोता हुआ चेहरा बार बार उसकी नज़रों के सामने घूम रहा था।

लेकिन फिर ज़्यादा समय ना बर्बाद कर वह उठता है और ऑफ़िस जाने के लिए रेडी होता है। तैयार होने के बाद वह ब्रेक्फ़स्ट करने नीचे आता है जहाँ दीपिका ब्रेक्फ़स्ट टेबल तैयार कर रही थी, ऋषभ को नीचे आते देख ऋषभ को ब्रेक्फ़स्ट देती है जिसमें आलू के पराठे बने हुए थे। ऋषभ उन्हें देख कहता है "मैं इतना ऑयली फ़ूड नहीं खाता, जानकी माँ, मेरे लिए कॉर्नफ़्लेक्स और मिल्क का बोल दीजिए।"

ऋषभ को देख दीपिका का मुँह फूल जाता है वह धीरे धीरे कहती है और प्लेट हटाने लगती है "एक दिन पराठे खा लेते तो शायद इनके सिक्स पैक्स छुप जाते। लाइए जानकी माँ, इनका रेगुलर डिश इन्हें दे दीजिए।"

दादा जी तभी आते है और कहते है "आज तो बहुत अच्छी ख़ुशबू आ रही है, ज़रूर बहु रानी ने कुछ बनाया है। ख़ुशबू से मेरी भूख बढ़ गयी है।"

दीपिका कहती है "दादा जी आइये, मैंने आपके लिए कम घी में पराठे बनाये हैं, मैंने डॉक्टर से भी बात कर ली है, आप खा सकते है।"

दादा जी कहते है "अरे आपने इतने प्यार से बनाया है, मैं तो ज़रूर खाऊँगा, किसी को आपके प्यार की क़दर है या नहीं, मुझे तो है।"

ऋषभ समझ जाता है कि दादा जी उसे टोंट मारकर बोल रहे है।

ऋषभ तब देखता है दादा जी कितने चाव से पराठे खा रहे है।

दादा जी ऋषभ को दिखा दिखा कर चाव से खाते है, फिर वह जानकी से कहते है "जानकी बेटा, आप भी बैठ कर एक दो पराठे खा ही लीजिए, अमृत है, बहु के हाथ में जादू है।"

जानकी माँ भी पराँठों की बहुत तारीफ़ करती है। सबका रीऐक्शन देख अब तो ऋषभ को भी उसका कॉर्नफ़्लेक्स अच्छा नहीं लग रहा था।

ऋषभ दीपिका से कहता है "आप नहीं खाएँगी ?"

दीपिका कहती है "नहीं, अभी मझे भूख नहीं है, मैं बाद में खा लूँगी।"

ऋषभ समझ जाता है कि उसने पराठे खाने से मना कर दिया है इसलिए वह नहीं खा रही है।

ऋषभ अपना बोऊल साइड में हटाता है और दीपिका से कहता है "आइये अपना प्लेट और मेरा प्लेट लाइए, साथ में पराँठे खाएँगे।"

दादा जी और जानकी एकदूसरे को देखते है और हैरान हो जाते है क्यूँकि ऋषभ के डिसीज़न को आज तक कोई नहीं बदल पाया था।

लेकिन दीपिका इन सब से अनजान थी, वह ख़ुशी ख़ुशी अपना और ऋषभ का प्लेट लगाती है और दोनों हंसते हुए एक साथ पराँठों का मज़ा लेते है।

दादा जी और जानकी माँ एक दूसरे को देख मुस्कुराते है और सोचते है की ऋषभ के सूने जीवन को रोशन करने कोई आ गया है। वह और कोई नहीं दीपिका थी।

ब्रेक्फ़स्ट करके ऋषभ ऑफ़िस चला जाता है। आज उसकी कपूर इंडस्ट्रीज़ के साथ मीटिंग थी, जिससे उसको ५०० करोड़ का मुनाफ़ा होने वाला होता है, वहाँ और भी बड़ी बड़ी कम्पनी आने वाली होती है, ऋषभ बहुत ही कॉन्फ़िडेंट है कि यह डील तो वही क्रैक करेगा। और वैसा ही हुआ, उसने ऐसा कमाल का

प्रेज़ेंटेशन दिया कि कपूर इंडस्ट्रीज़ ने ओबेरॉय गुप्स को ऑर्डर दे दिया।

ऋषभ फिर अपने केबिन में चला जाता है, उसे कुछ इम्पोर्टेंट काम था जिसके लिए वह अपने लैपटॉप को खोलता है। तभी उसका मोबाइल बज उठता है, फ़ोन पर सागर का नाम डिस्प्ले हो रहा था। सागर का नाम देखते ही ऋषभ के चहरे में एक मुस्कान आ गयी।

ऋषभ ने फ़ोन रिसिव किया ...।।

सागर : गुडआफ्टर नून सर।।

ऋषभ : हाँ सागर, जो काम दिया था हुआ?

सागर : यस सर, काम हो गया है, मैंने प्लैटिनम कम्पनी के बारे में सब कुछ पता कर लिया है, मैं थोड़ी देर में सारी फ़ाइल लेकर आपके पास आ रहा हूँ।

ऋषभ: ठीक है, सीधे मेरे केबिन में आना, मैं इंतज़ार कर रहा हूँ।

सागर : यस सर, कमिंग।

ऋषभ फ़ोन कट कर देता है।

क़रीब २० मिनट बाद सागर ऋषभ के केबिन में होता है

"सर, यह रही प्लैटिनम कम्पनी की डिटेल्स, लेकिन अब उसका नाम बदल कर ए आर रख दिया है जिसकी हालत ठीक नहीं है लेकिन अगर कोई बड़ा ऑर्डर मिल जाए तो यह कम्पनी फिर अपने मुक़ाम पर पहुँच सकती है।

इतना सुनते ही ऋषभ के चहरे में एक कुटिल मुस्कुराहट आ गयी। उस ने सागर से कहा कि वह नेक्स्ट वीक ए आर कम्पनी के साथ मीटिंग फ़िक्स करें।

इतना बोलते ही वह सागर को जाने का इशारा करता है।

फिर मोबाइल में दीपिका की तस्वीर देख मुस्कुराते हुए कहता है "फ़र्स्ट स्टेप कम्प्लीट, बहुत जल्द आपको सर्प्राइज़ मिलेगा मिसेस ओबेरॉय।"

इतना बोलते ही उसके चहरे में एक भयानक मुस्कुराहट आ जाती है।

और इधर दूसरी तरफ़ घरपर दीपिका दादा जी के साथ लॉन में बैठकर चाय पी रही होती है। दीपिका दादा जी के साथ घुल मिल गयी थी। दादा जी दीपिका को भी बेटी की तरह ट्रीट कर रहे थे। दीपिका दादा जी को अपने बारे में बताती है। दादा जी भी दीपिका की सारी प्यारी प्यारी बातें सुन रहे थे। बातें करते- करते दादा जी बोल उठते है "दीपिका बेटा, आज क्यूँ ना पकोड़े खाये जाए?"

दीपिका : नहीं, बिल्कुल नहीं, आपको डॉक्टर ने तला हुआ खाना खाने को माना किया है।

दादा जी का मुँह बच्चों की तरह फूल जाता है, वह रूठ जाते है।

दीपिका उन्हें देख हंसने लगती है।

दीपिका : अच्छा ठीक है, लेकिन आप लिमिट में खाएँगे।

दादा जी बहुत खुश होते है और उसे जवाब में हाँ कहते है।

दीपिका दादा जी को मना कर अंदर रसोई में जाती है तो देखती है है कि जानकी माँ रसोई में नौकरों को इनस्ट्रकशन दे रही थी। वह बड़े प्यार से जानकी को कहती है "जानकी माँ, आप बताएँगी बेसन कहाँ है ?"

जानकी माँ हंसते हुए कहती है "बहु रानी, आप क्या करेंगी बेसन से ? आप बता दीजिए, शेफ़ बना देंगे।"

दीपिका कहती है "नहीं, जानकी माँ, मैं पकोड़े बनाऊँगी दादा जी के लिए। आप मुझे बता दीजिए सारा समान कहाँ है ?"

जानकी दीपिका की बातें सुन मुस्कुराती है और शेफ़ को बोलती है कि बहु रानी को जो भी चीजें ज़रूरत हो उन्हें निकल कर दो।

इतना बोल जानकी किचन से चली जाती है।

दीपिका बड़े प्यार से कम तेल में कई सारे हर्ब डाल कर दादा जी के लिए हेल्दी पकोड़े बनाती है।

आधे घंटे में ज़ायक़ेदार पकोड़े बन जाते है, सभी यहाँ तक की घर के सभी नौकर भी दीपिका के हाथ के बने पकोड़ों का लुफ़्त लेते हैं।

इधर ऑफ़िस में ऋषभ काम कर रहा होता है तभी उसका एक एम्प्लोयी उसके केबिन में आता है।

सर, यह रही कपूर इंडस्ट्रीज़ की फ़ाइल।

ऋषभ: ठीक है, टेबल में रख दो।

फ़ाइल रख कर एम्प्लोयी वहाँ से चला जाता है।

सारे काम निबटाने के बाद ऋषभ अपनी घड़ी देखता है तो ८।०० बज गए थे।

ऋषभ घर के लिए निकलता है।

इधर घर में दीपिका ने जानकी माँ से पूछकर ऋषभ की पसंद का खाना बनाया था। ऋषभ की गाड़ी की आवाज़ सुनते ही वह खाना गरम कर टेबल पर लगाती है। थोड़ी देर में ऋषभ आता है, दीपिका को वह खाना परोसते हुए देखता है तो उससे पूछता है "दादा जी ने खाना खा लिया ?"

हाँ, दादा जी ने खाना खा लिया है और वह दवाई लेकर सो भी गए है और आप भी फ़्रेश हो लीजिए, फिर गरमा गरम खाना खा लीजिए। आज मैंने सब कुछ आपकी पसंद का बनाया है।

ऋषभ दीपिका को कमर से पकड़ अपनी तरफ़ खींचते हुए कहता है "आप को जितना जान पाया हूँ, आपने भी अभी तक नहीं खाया होगा, चलिए हम दोनों की प्लेट लगाइए मैं अभी फ्रेश होकर आता हूँ।"

इतना बोलते ही वह दीपिका के गालों को किस करता है और हंसते हुए अपने कमरे में चला जाता है।

थोड़ी देर में ऋषभ आता है फिर दोनों बात करते हुये खाना खाते है और फिर खाना खाका के ऋषभ अपने कमरे चला जाता है और दीपिका किचन में कुछ इन्सट्रकशन दे कर कमरे में आती है।

ऋषभ अपने लैपटॉप में कुछ काम कर रहा है। दीपिका चेंज करने वाशरूम चली जाती है और वन पीस पहनकर निकलती है। उसका लचीला बदन सिल्क की नाइटी में बला का आकर्षक लग रहा है।

जैसे ही ऋषभ की दीपिका पर नज़र पड़ती है, बह सब कुछ भूल जाता है और उसकी नज़र दीपिका पर अटक जाती है, वह बस उसे ही निहारता रह जाता है।

ऋषभ भी कमाल का लग रहा है उसकी नाईट सूट की शर्ट के तीन चार बटन खुले हुए है जिससे उसका सुडौल गठीला बदन नज़र आ रहा है जो की दीपिका को मदहोश कर देता है।

ऋषभ अपने सारे काम छोड़ दीपिका के पास जाता है और कहता है "आइ लव यू दीपु।"

दीपिका के आँखो में ख़ुशी के मारे आँसू आ जाते है, वह कुछ कह ही नहीं पाती, वह मुड़कर बालकनी में चली जाती है, ठंडी ठंडी हवा चल रही थी। दीपिका अपने बाहों से अपने आपको समेटे खड़ी हुयी थी।

ऋषभ एक शॉल लेकर दीपिका को ओढ़ाते हुए कहता है "मैंने कुछ ग़लत कह दिया हो तो आइ एम सॉरी...।।"

ऋषभ की बात पूरी भी नहीं हुयी होती है कि दीपिका उसके होंठों में उँगली रख कर बोलती है "श श श ...। आइ लव यू टू ऋषभ।।"

ऋषभ की आँखो में पहली बार दीपिका आँसू देखती है।" क्या तुमने क्या कहा ?

दीपिका ने कहा "आइ लव यू ऋषभ"

ऋषभ भी कहता है "आइ लव यू दीपु"

दीपिका ऋषभ को गले लगाते हुए कहती है "आज से दीपु अपने ऋषभ की हुयी।"

ऋषभ कहता है "कल तक तुम मेरी ज़िम्मेदारी थी लेकिन आज से तुम मेरा प्यार हो और मेरे रहते तुम्हें छूने की कोई हिम्मत नहीं कर सकता है।

दोनों काफ़ी देर तक एक दूसरे के गले लगे हुए रहते है।

थोड़ी देर बाद ऋषभ दीपिका को गोद में उठाकर बेड तक ले जाता है, ऋषभ सारी लाइट धीरे धीरे बंद करता है और बेड में दीपिका के पास बैठता है, दोनों की साँसे बहुत तेज चल रही थी। यह पहली रात थी जब वे दोनों एक दूसरे के क़रीब बहुत क़रीब आना चाह रहे थे। ऋषभ दीपिका के बालों से खेलता है, उसके हाथों पर किस करता है, उसके पैरो को किस करता है। उसके हर अंग पर अपने जलते हुए होंठों की छाप अंकित करता और धीरे धीरे वह दीपिका के क़रीब जाता रहता है। दीपिका भी धीरे धीरे बेड पर लेट जाती है। ऋषभ दीपिका के गीले गुलाबी होंठों को देखता है, वह अपने आपको रोक नहीं पाता है, वह होंठों को किस करता है और उत्तेजित हो जाता है, अपना नियंत्रण खो देता है। दीपिका भी ऋषभ को अपने क़रीब आने देती है, वह भी इस खुशनुमा मंज़र का पूरा पूरा आनंद ले रही थी। दोनों ही एक दोसरे से करीब और करीब आते हुए एक दूजे में समां जाते हैं ऋषभ को महसूस होता है कि दीपिका अभी भी अनछुई कलि है दीपिका भी सहर्ष ही अपना ततान ऋषभ को समर्पित करती है मन तो वह पहले ही हर चुकी थी, फिर जब दीपिका थक जाती है। ऋषभ उसे बहुत ही प्यार से अपने से अलग कर उसे दिल से अपनाने के लिए थैंक्स बोलता है और आराम करने को कहता है।

दीपिका शरमा कर ब्लैंकेट से अपना मुँह ढक लेती है, ऋषभ मुस्कुराता हुआ वाशरूम चला जाता है।

ऋषभ फ़्रेश होकर कमरे में आता है तो देखता है दीपिका सो गयी होती है। वह दीपिका के क़रीब जाके उसे अपने बाहों में सुलाता है और उसके माथे पर किस करके उसे गुड नाइट कहता है।

सुबह दीपिका की आँख खुलती है और वह अपने आपको ऋषभ की बाहों में देखती है। वह ऋषभ की तरफ़ मुड़ती है और उसके चहरे को गौर से देखती है और सोचती है कि उसने ज़रूर ही कुछ पुण्य किये होंगे कि उसे ऋषभ जैसा हमसफ़र मिला, अच्छी इज़्ज़तदार फ़ैमिली मिली। वह अपने आपको खुशनसीब समझ रही थी। वह ऋषभ के माथे पर किस करके जाने लगती है कि ऋषभ उसे अपनी तरफ़ खींच लेता है "इतना क्या घूर रही थी आप? कुछ चाहिए आपको? मेरी गुड मोर्निंग किस कहाँ है?"

दीपिका शर्मा जाती है "छोड़िए ना, नीचे जाना है, दादाजी को दवाई भी देनी है।"

ऋषभ उसे आँख मारते हुए कहता है "पहले इस मरीज़ को दवा दे दीजिए, कब से दवा माँग रहा हूँ।"

दीपिका ऋषभ को किस करती है और कहती है "आप बहुत शरारती हो गए है।" इतना बोल कर वह कपड़े निकाल कर वाशरूम चली जाती है।

और उधर रणवीर की किसी से फ़ोन पर बात हो रही है।

रणवीर : व्हाट ? इतना बड़ा प्रोजेक्ट हमारे हाथ से कैसे निकल सकता है ?

सर, हमने पूरी कोशिश की थी लेकिन मेहता गूप ऑफ़ कम्पनी यह डील ले गयी।

रणवीर गुस्से में फ़ोन रख देता है। तभी आलया पीछे से आती है और प्यार जतलाते हुए रणवीर को पीछे से अपनी बाँहों में जकड लेती है।

क्या हुआ बेबी ? क्यूँ गुस्सा हो रहे हो ? डील ही तो गयी है। दूसरी मिल जाएगी।

आइ नो बेबी, बट यह डील हमारे लिए बहुत इम्पोर्टेंट थी।

कोई बात नहीं चलो हम अपनी डील क्रैक करते है।

इतना कहते ही दोनों एक दूसरे को किस करने लगते है। थोड़ी देर इंटिमेट होने के बाद रणवीर का फ़ोन अचानक बज उठता है।

कोई अनजाना नम्बर था, फिर भी रणवीर फ़ोन उठा कर,

हेलो, कौन बोल रहे है ?

क्या मेरी बात रणवीर सर से हो रही है ?

जी, मैं ही रणवीर बोल रहा हूँ, कहिए, क्या बात है, आप कौन ?

मैं ओबेरॉय गुप ऑफ़ कंपनीज़ का मैनेजर बोल रहा हूँ।

ओबेरॉय गूप का नाम सुनकर रणवीर का मुँह खुला का खुला रह जाता है।

जी, सर बोलिए।

उसकी आवाज़ सुन ऐसा लग रहा था जैसे वो मस्का लगाने के लिए उससे बात कर रहा है।

हमारे सर ने आपसे कांटैक्ट करने के लिए कहा है, उनको एक मेगा इवेंट ऑर्गेनाइज़ करवाना है, उसी विषय में बात करने के लिए क्या आप कल मुंबई आ सकते है, इवेंट अगले सप्ताह ही ऑर्गेनाइज़ करवाना है।

यह बात सुन रणवीर ख़ुशी से उछल पड़ा और फिर बोलता है।

रणवीर : जी, जी सर, बिलकुल सर, मैं कल आ जाऊँगा।

मनेजर : ठीक है, फिर मैं आपकी हमारे सर के साथ दोपहर २।०० बजे की मीटिंग फ़िक्स करता हूँ।

इतना बोलते ही मनेजर फ़ोन काट देता है।

रणवीर फ़ोन रखते ही मारे ख़ुशी के आलया को ज़ोर से गले लगा लेता है। और उससे कहता है "बेबी, हमें बहुत बढ़ा कॉंट्रैक्ट मिलने वाला है, मैं बहुत खुश हूँ ओबेरॉय गुप्स ऑफ़ कंपनीज़ से कॉल आया था।"

ओबेरॉय गुप्स का नाम सुनते ही आलया चौंक गयी और उसका शैतानी दिमाग तेज़ी से दौड़ने लगा क्यूंकि आलया ने ओबेरॉय गुप्स ऑफ़ कंपनीज़ का नाम सुन रखा था और उसे यह भी पता था कि ओबरॉय गुप का ऑनर ऋषभ बहुत ही हॉट है। आलया के दिमाग़ में एक शैतानी ख्याल ने जन्म लिया। उसने सोचा कि अगर वह रणवीर के साथ मुंबई जाएगी तो ऋषभ के ऊपर डोरे डाल सकेगी और रणवीर से बड़ी मुर्गी फँसा लेगी। यह सोचते हुए उसने रणवीर से कहा "बेबी, तुम्हें पता है ना, मैं तुम्हारे बिना एक पल भी नहीं रह सकती, मुझे भी अपने साथ मुंबई ले चलो ना।"

इतने बोलते बोलते आलया के आँखो में पानी आ गया। आलया के आँखो में आँसू देख कर रणवीर पिघल गया और सोचने लगा कि आलया उससे कितना प्यार करती है कि उसके बग़ैर एक पल भी नहीं रह सकती। यह सोचते हुए उसने कहा "हाँ, बेबी तुम भी चलो, तुम्हारा भी एक वेकेशन हो जाएगा।"

यह सुनते ही आलया की आँखो में एक अलग सी चमक आ गयी और वह अपनी पैकिंग करने चली गयी।

इधर ओबेरॉय मेंशन का नजारा ही कुछ और था।

दीपिका और दादाजी आपस में बहुत घुल मिल गए थे, अभी वे आपस में बात कर रहे थे तभी एक आवाज़ ने उन्हें ही चौंका दिया "ओये ! मेरी मधुबाला, कहाँ है तू?

आवाज़ सुनते ही दादा जी की हंसी निकल पड़ती है और दीपिका से कहते है "आ गये अपनी मधुबाला को ढूँढने, रोहित बाबू।"रोहित बचपन से प्यार से ऋषभ को मधुबाला कहता है।

दीपिका को तभी याद आता है कि रोहित को उसने देखा था जब वह ऋषभ के साथ हॉस्पिटल आया था। फिर दादा जी भी हॉल में आ जाते है।

दादा जी : तेरी मधुबाला चली गयी ऑफ़िस।

रोहित : ओहऽफ़्फ़ो ! अब मैं क्या करूँ ? बड़ी जल्दी चला गया।

रोहित की नज़र तभी दीपिका पर पड़ती है।

रोहित : हेय भाभी ! कैसी है आप ? पहचाना मुझे ?

दीपिका : जी भैया, आप आए थे उस दिन ऋषभ के साथ हॉस्पिटल में। लेकिन आपसे बात नहीं हो पायी थी।

रोहित : आपको पता है ?ऋषभ मेरी जान है, मेरा दोस्त है, मेरे जिगर का टुकड़ा है। मैं उसे प्यार से मधुबाला बुलाता हूँ।

दीपिका रोहित की बात सुन हंसती है और उससे कहती है "भैया, आप बैठिए, मैं आपके लिए चाय ले आती हूँ।

थोड़ी देर में दीपिका चाय नाश्ता ले आती है और दादा जी फ़ैमिली अल्बम ले आते है और दीपिका को अपने पास बैठने के लिए इशारा करते है।

दीपिका उनके पास जाकर बैठती है, रोहित और दादा जी अल्बम में दिखाकर ओबेरॉय फ़ैमिली से दीपिका का परिचय कराते है। रोहित अपने बचपन की शरारतें दीपिका को बता रहा था। वह दीपिका को बताता है की ऋषभ और वो दोनों बचपन में ज़्यादातर समय एक साथ ही बिताया करते थे।

बातें करते करते कब शाम हो गयी उन्हें पता ही नहीं चला।

दीपिका तभी मंदिर में दिया जलाने चली गयी।

दीपिका के जाते ही दादा जी ने रोहित से कहा "आज दीपिका को देख कर ना, ऋषभ की माँ की याद आती है। वह भी घर को इसी तरह सम्भालती थी जैसे दीपिका ने सम्भाला है। इस बच्ची के आते ही मेरा सूना घर फिर से हरा भरा हो गया है। ऋषभ ने अगर अपनी ज़िंदगी में कोई काम बिना मेरे रोके टोके किया है वह है इस बच्ची से शादी करके। मैं चाह कर भी दीपिका से अच्छी जीवन साथी उसके लिए नहीं ला सकता था।"

तभी दीपिका आरती की थाली लाकर सबको आरती देती है, पूरे घर में धूप देती है और जाकर आरती का थाल मंदिर में रख रही होती है कि तभी ऋषभ की गाड़ी का हॉर्न बज उठता है। ऋषभ घर के अंदर आकर रोहित को देख चौंक जाता है। वह रोहित से कहता है "रोहित, तू यहाँ कैसे, ऑफ़िस क्यूँ नहीं आया?"

रोहित बोलता है "यार मैं ऑफ़िस आता तो मुझे तू मुझे कुछ न किसी पर लगा देता और मुझे भाभी से भी मिलना था। अगर मैं ऑफ़िस आता तो भाभी के हाथ का बना चाय नाश्ता मिस हो जाता। अच्छा हुआ मैं ऑफ़िस नहीं आया हमने बहुत मज़े किए।"

ऋषभ थोड़ा चिड़ कर बोलता है "हमने! मतलब? कौन?"

रोहित उसे चिढ़ाते हुए कहता है "क्यूँ? तुझे मेरे अलावा कोई और नहीं दिख रहा?" इतना कहते वह दीपिका और दादा जी की तरफ़ इशारा करता है।

ऋषभ और रोहित की प्यार भरी नोक झोंक देखकर दादा जी और दीपिका मुंह पर हाथ रख कर हंस रहे थे और मज़ा ले रहे थे।

अचानक रोहित के पीछे ऋषभ उसे मारने दौड़ता है, रोहित दादा जी के पीछे छिप जाता है।

ऋषभ कहता है "दादा जी हैं इसलिए मैं तुझे कुछ नहीं कह रहा, वर्ना बताता, खैर, तुझे तो मैं बाद में देखता हूँ।"

कहते हुए ऋषभ चेंज करने के लिए अपने कमरे में चला जाता है।

दीपिका दादा जी और रोहित से कहती है "आप लोग खाना खाने बैठिए, डिनर रेडी है, मैं ऋषभ को बुलाकर लाती हूँ।"

दीपिका ऊपर कमरे में जाती है और ऋषभ को कहीं नहीं पाती, वह कमरे के बीचो बीच पहुँचती है तभी एक हाथ उसे अपनी तरफ़ खींचता है और दीवार के साथ सटा देता है। वह हाथ किसी और का नहीं बल्कि ऋषभ का होता है।

ऋषभ वार्डरोब में था और उसके बाल अभी गीले थे। उसके सीने पर भी हल्की हल्की पानी की बूँदे थी।

अचानक हुयी हरकत से दीपिका घबरा गयी। ऋषभ के क़रीब आते ही दीपिका की साँसे तेज हो जाती थी।

ऋषभ सर हिलाकर अपने बाल झाड़ता है और पानी की बूँदें दीपिका के चहरे पर पड़ती है। कुछ बूँदें उसके माथे पर कुछ आँखो की पलकों पर कुछ नाक पर तो कुछ होंठों पर पड़ती हैं। ऋषभ उन्हें देख अपने होंठों से एक एक बूँद दीपिका के चहरे से उठाने व् पीने लगता है, पहले माथा, फिर आँखे, उसके बाद नाक और अब होंठों की बारी थी, प्रेम रस पर कम रस का आवेग बढ़ता ही जा रहा है और एक और जहाँ दीपिका अपने ऊपर से नियंत्रण खो रही थी वहीं रणवीर तो पहले ही कामदेव के नियंत्रण में हो स्वयं पर से सारे नियंत्रण भूल आवेग में मदहोश हो दीपिका को अपने में समेट लेने हेतु आतुर हो रहा था, दोनों ही एक दूसरे में खो गए थे, वे मदहोश होकर एक दूसरे के होंठों का रस पण करने में डूबे हुए थे। काफ़ी देर तक वे एक दूसरे को किस करते गए की तभी मानो दीपिका की तन्द्रा टूटी और उसे ध्यान आया की नीचे सभी लोग डिनर पर उनका इंतज़ार कर रहे हैं तो उसने ऋषभ को बेहद प्यारे से अंदाज़ से अपने से दूर हटाया और कहा "चलिए, हटिये, बहुत रोमांस हो गया, अब तैयार होकर नीचे डायनिंग हाल में आ जाइये।" यह बोल दीपिका अपने को ऋषभ की पकड़ से छुड़ा कर नीचे चली गयी।

इधर रणवीर और आलया मुंबई जाने के लिए तैयार हैं। दोनों ही अपने अपने ख्वाबों में डूबे हुए हैं और दोनों की अपनी अलग अलग खुशी है। जहाँ एक ओर रणवीर इतने बड़े कॉन्ट्रैक्ट के मिलने से खुश है वहीं आलया ऋषभ के पास जाने और भविष्य में उसके साथ अपनी नजदीकियों के ख्वाबों में डूबी हुयी अलग ही दुनियां में विचार रही थी।

रणवीर आलया की खुशी को कुछ और ही समझ रहा था वह सोच रहा था कि आलया उससे कितना प्यार करती है कि उसके बिना एक पल भी नहीं रह सकती है इसलिए उसका साथ देने के लिए वह उसके साथ मुंबई जा रही है।

लेकिन आलया तो कुछ और ही सपने सज़ा रही थी वह अपना आगे आने वाले समय में रणवीर को छोड़ ऋषभ के साथ रहने के सपने संजो रही थी।

रणवीर कुछ पुरानी यादों में खोया हुआ था उसे आज दीपिका के साथ जो किया था वह सब याद आ रहा था कि किस तरह उसने दीपिका को धोखा देकर उसकी कम्पनी को उससे छीना था और

आज उसकी कम्पनी को बड़ा सा ऑर्डर मिलने वाला था। रणवीर को सोच में डूबा हुआ देख आलया पूछती है "क्या हुआ जान ? किस सोच में पड़ गए ? अब तो हमारे दिन बदलने वाले है।"

रणवीर आलया को गले लगाते हुए बोलता है "नहीं, कुछ भी तो नहीं, जब तुम मेरे साथ हो, तो मुझे किसी बात की चिंता नहीं है। मैं दुनिया को जीत कर ही दम लूँगा।"

फिर दोनों ज़ोर ज़ोर से हंसने लगते है और एक दूसरे के आग़ोश में आ जाते है।

दूसरे दिन सुबह की फ़्लाइट से वे दोनों मुंबई पहुँच जाते है। उनके लिए ऋषभ की कम्पनी की गाड़ी पहले से ही मुंबई हवाई अड्डे पर मौजूद थी।

एयर पोर्ट से लेकर गाडी उन्हें एक फ़ाइव स्टार होटल ले जाती है जहाँ उनके रहने के लिए ओबेरॉय कम्पनी की तरफ से कमरे बुक कराया हुआ था। रिसेप्शन में बोलने पर उन्हें उनके कमरे तक ले ज़ाया गया। आलया की आँखे तो फटी की फटी रह गयी। वह आगे आने वाले समय का सोचने लगी और उसका ईमान डगमगाने लगा, वह सोचने लगी की अगर वह ऋषभ के क़रीब आ जाएगी तो उसके सारे सपने पूरे हो जाएँगे और उधर रणवीर सोच रहा था कि इतना बड़ा कॉंट्रैक्ट मिलने पर उसकी कम्पनी को बहुत फ़ायदा होगा। और तभी वह आलया को शादी के लिए प्रपोज़ करेगा।

दोनों ही अपने अपने ख्यालों में अपनी सोच पर मुस्कुरा रहे थे। रणवीर, आलया के शातिर दिमाग में चल रही खुराफात और उसके मंसूबों से बेखबर था, उसे तो अंदेशा भी नहीं था कि आलया के दिमाग में क्या चल रहा है ?

उस फाइव स्टार होटल के शानदार कमरे में पहुँच आल्या की आँखें तो फटी की फटी रह गयीं मरे ख़ुशी के वह रणवीर से लिपट गयी, दोनों एक दूसरे को ज़ोर से गले लगाते हैं और बेड में ब्लैंकेट के अन्दर अपनी आगामी सफलता के जश्न मनाते हुए एक दूजे में समां जाते हैं।

यूं ही ख़ुशी ख़ुशी रात बीती और आख़िर वह दिन आ ही गया जिसका हर उस शख़्स को बेसब्री से इंतज़ार था जो इस से कहीं न कहीं जुडा हुआ था फिर चाहे वह रणवीर और आल्या हों या फिर ऋषभ। सभी के लिए यह एक बेहद महत्वपूर्ण दिन था।

ऋषभ के लिए आज का दिन इसलिए भी ख़ास था क्यूँकि वह आज दीपिका के अतीत से मिलने वाला था। हालाँकि उसे रणवीर और आलया की सारी डिटेल्ज़ मालूम थी, फिर भी ऋषभ सामने से उनकी सच्चाई जानना चाहता था। इसी कारण वह ऑफ़िस के लिए घर से थोड़ा जल्दी ही निकल गया, वह दीपिका को इस बारे में कुछ नहीं बताना चाहता था। उसने कुछ खास सोच रखा था और ऋषभ उसे सर्प्राइज़ देना चाहता था।

ऋषभ जब ऑफ़िस पहुँचा तो उसका सेक्रेटरी पहले से ही मौजूद था।

ऋषभ के सेक्रेटरी ने उसे वह फ़ाइल दी जिसमें ए आर इवेंट कम्पनी की पूरी डिटेल्ज़ थी। ऋषभ इस इवेंट के ज़रिए ए आर कम्पनी को अपने नियंत्रण में ले आना चाहता था जिससे रणवीर और आलया उसके क़ाबू में हों।

मीटिंग २।०० बजे की तय की गयी थी लेकिन ऋषभ कोनफ्रेंस कमरे में १।०० बजे ही पहुँच जाता है, क्यूँकि उसे तो हर काम में पर्फ़ेक्शन चाहिए होता है।

क़रीब ४५ मिनट बाद रणवीर और आलया भी मीटिंग कमरे में पहुँचते है।

आलया जैसे ही ऋषभ को देखती है उसके पूरे शरीर में एक अजीब सी सनसनाहट आ जाती है वह उस पर बेतरह फ़िदा हो जाती है, अपनी ज़हरीली मुस्कान के साथ ऋषभ से हाथ मिलाने के लिए अपना हाथ उसकी तरफ़ बढ़ाती है लेकिन ऋषभ उसकी तरफ़ कोई ध्यान ना देकर रणवीर से हाथ मिलाते हुए कहता है “हेलो मिस्टर रणवीर, चलिए मीटिंग स्टार्ट करते है।” आलया को यह बेज्जती पसंद नहीं आती, लेकिन उसने उस वक्त कोई रीऐक्शन नहीं दिया वह आज बहुत हॉट बन कर आयी थी सिर्फ़ ऋषभ के लिए और ऋषभ ने तो उसकी तरफ़ देखा भी नहीं।

ऋषभ रणवीर को एक फ़ाइल देते हुए कहता है “आपका मेरी कम्पनी के साथ कॉंट्रैक्ट होने जा रहा है और इस फ़ाइल में सारे टर्म्ज़ एंड कंडिशन लिखे हुए है। आप इन्हें पढ़ कर साइन कर दीजिए।”

रणवीर को तो कॉंट्रैक्ट से मतलब था उसे टर्म्ज़ और कंडिशन में कोई इंटरेस्ट नहीं था उसने फ़ाइल को पढ़ने का नाटक किया फिर थोड़ी देर में फ़ाइल को साइड में रखते हुए ऋषभ से कहता है “मिस्टर ओबेरॉय, टर्म्ज़ एंड कंडिशन तो बाद में देखे जाएँगे पहले आप हमें इवेंट के बारे में बतायिए कि आप हमसे क्या चाहते है?”

इतना सुनकर ऋषभ हल्के से मुस्कुराता है और रणवीर को कहता है “मैं एक हफ़्ते में एक बहुत बड़ी पार्टी ओरगनाईज़ करना चाहता हूँ जिसमें मुझे एक स्पेशल एनाउंसमेंट करनी है। इस इवेंट में, कुछ बेहद ख़ास मेहमान और कुछ मेरे बिज़नेस पार्टनर्स आएँगे और मीडिया भी मौजूद होगा। क्यूंकि यह मेरी स्पेशल पार्टी है इस लिए इसमें मेरे सभी गेस्ट सोसायटी के बहुत बड़े बड़े लोग और बिज़नेस टायकून होंगे इसलिए मैं चाहता हूँ कि यह इवेंट बहुत शानदार हो जिसके लिए आपको १ करोड़ का चेक दिया जाएगा। और ध्यान रखिएगा यह इवेंट मेरे लिए बहुत ज़रूरी है तो कोई गड़बड़ नहीं होना चाहिए।”

यह सुनते ही रणवीर कुछ सोचते हुए ऋषभ से कहता है “नो, प्रॉब्लम सर, आपका काम हो जाएगा, लेकिन १ करोड़ तो बहुत ज़्यादा है।”

ऋषभ बोलता है “आइ नो मिस्टर रणवीर, रक़म बहुत बड़ी है लेकिन यह एमाउंट आपको तभी मिलेगी जब पार्टी अच्छे से हो जाएगी और मेरे सारे मेहमान सैटिस्फ़ायड होंगे क्यूँकि मैं नहीं

चाहता कि मेरे पैसे वेस्ट हो, इसलिए ध्यान रखिएगा कि पार्टी में कोई सीन क्रीयेट ना हो यानी कि कोई हंगामा नहीं होना चाहिए।" ऋषभ की नज़रें रणवीर के चेहरे पर जमीं हुयी थीं और वह बड़े गौर से रणवीर के चेहरे पर आ जा रहे भावों को ओबजर्व कर रहा था। थोड़ी देर शांत रहने के बाद ऋषभ आगे कहता है "अगर आप कुछ ओऊ पूछना चाहें तो पूंछ सकते हैं और यदि आपके सारे डाउट्स क्लीयर हो गए हो तो इस कॉंट्रैक्ट पर साइन कर दें। और हाँ मेरी कम्पनी से जुड़ने के कारण मेरी कम्पनी आपकी कम्पनी में ५० करोड़ की शेयर लगाएगी जो कि इस इवेंट के बाद डबल हो जाएगी यानी की इसकी क़ीमत १०० करोड़ हो जाएगी, क्यूँकि मेरी कम्पनी का नाम आपकी कम्पनी के साथ जुड़ने से आपको प्रोफ़िट ही होगा। और अगर किसी भी कारण से मेरी पार्टी स्पाइल होती कुछ भी गड़बड़ होती है या ज़रा सा भी हंगामा होता है, और मेरे ५० करोड़ बर्बाद होते है तो मेरी कम्पनी को आपकी कम्पनी टेकोवर करने में २ मिनट भी नहीं लगेंगे इसलिए अच्छे से कॉंट्रैक्ट को पढ़िए, सारे टर्म्ज़ एंड कंडिशन लिखे हुए हैं इन्हें साइन कीजिए नहीं तो बहुत सारी कंपनीज़ हैं जो मेरे साथ काम करने के लिए तैयार है।"

ऋषभ ने आखरी कुछ शब्द ऐसे ज़ोर देकर बोले जिससे रणवीर को सोचने का ज़्यादा समय ना मिले और वह बेफ़क्क़ूफ़ी में पेपर साइन कर दे।

रणवीर ठीक वैसा ही करता है जैसा ऋषभ ने सोचा था। रणवीर बिना देरी करे कॉंट्रैक्ट पाने की चाह में बिना पड़े ही कॉंट्रैक्ट साइन कर देता है।

ऋषभ के चेहरे पर बेहद गंभीर किन्तु खतरनाक मुस्कान उभरती है किन्तु रणवीर को कुछ भी ज़ाहिर करे बिना बड़ी ही शालीनता के साथ वह रणवीर से साथ हाथ मिलाता है और उसे कहता है "वेल्कम, मिस्टर रणवीर।"

आलया कॉंट्रैक्ट की वजह से चुप थी लेकिन वह अपनी बेज्जती भूल नहीं पा रही थी उसे उसका बदला चाहिए था इसलिए कुछ सोचते हुए वह ऋषभ से कहती है "एक्स्क्यूज़ मी सर, आज हमारी डील हुयी है तो इस ख़ुशी में हम एक छोटी सी पार्टी रखना चाहते है हमारे होटेल के क्लब में शाम के ६।०० बजे। तो आप भी आइये सर, हमें अच्छा लगेगा।"

आलया की बात सुन रणवीर भी कह उठता है "हाँ, सर, प्लीज़ आप ज़रूर आइयेगा।"

ऋषभ भी मुस्कुराते हुये उन्हें हाँ बोल देता है।

रणवीर और आलया इतना बड़ा कॉंट्रैक्ट मिलने से खुश हो वहां से निकलते हैं और उनके वहां से जाने के बाद ऋषभ अपने मोबाइल में दीपिका की फ़ोटो को देखते हुए कहता है "वाइफ़ी, बहुत जल्द ही तुम्हें तुम्हारा शादी का तोहफ़ा मिलने वाला है। बी रेडी। तुम्हें जिसने भी रुलाया है ना मैं उनकी रातों की नींद छीन लूँगा ये मिस्टर ओबेरॉय का अपनी डियर वाइफी से पक्का वादा है।"

आज क्यूंकि रणवीर की पार्टी में जाने के लिए तैयार होना था सो ऋषभ घर थोड़ा जल्दी ही चला जाता है, घर पहुँचते ही वह देखता है कि लाइब्रेरी का दरवाज़ा खुला है और अंदर से लाइट

भी नज़र आ रही है। अभी लायब्रेरी में कौन होगा, यही सोचते सोचते वह लाइब्रेरी के दरवाज़े पर पहुच गया "अरे, हमारे घर में बुक्स के शौक़ीन लोग है और हमें पता भी नहीं, चलिए आज चलकर देख ही लेते है।" लाइब्रेरी के अंदर जाकर देखता है कि उनकी मैडम सफ़ेद सूट में खड़ी आँखो पर खुबसूरत चश्मा लगाए रस्किन बॉन्ड की किताब पड़ रही है और पढ़ने में इतनी व्यस्त हैं कि ऋषभ कमरे में आ गया और उसे पता भी नहीं चला।

ऋषभ पीछे से आकर दीपिका को अपनी बाँहों के घेरे में ले लेता है और उसके गुलाबी गाल पर प्यार से किस कर देता है। अचानक इस तरह से ऋषभ के आ जाने और फिर पीछे से पकड़ लेने के कारण से किताब दीपिका के हाथ से गिर जाती है।

दीपिका ऋषभ की पकड़ से निकल कर किताब उठाती है और उसको शेल्फ में रखते हुए कहती है "आप इतनी जल्दी कैसे? आपकी तबियत तो ठीक है? रुकिए, मैं आपके लिए चाय ले आती हूँ।"

तभी ऋषभ उसका हाथ पकड़कर उसे अपनी ओर खींच लेता है और उसकी कमर पर अपना कसाव बढ़ाते हुए अपने और करीब समेत लेता है और कहता है "अगर मैं जल्दी नहीं आता तो मुझे पता कैसे चलता है कि आप पढ़ने का शौक भी रखती हैं। और चाय लेन के लिए घर में बहुत लोग हैं, आप बस यूँ ही मेरे पास रहिए कुछ देर।"

ऋषभ और दीपिका दोनों ही एक दुसरे की तरफ बढ़ते हुए प्यार की तपिश महसूस कर रहे थे, दोनों की ही प्यास बढती जा रही थी दोनों का गला सूख रहा था। फिर धीरे धीरे उनकी दूरी कम होने लगी और ऋषभ ने अपने जलते हुए होंठ दीपिका के तपते होंठों पर रख उन्हें चूम लिया।

उधर होटेल के कमरे में आलया किसी को फ़ोन करके समझा रही है

"मैं तुम्हें कुछ समान की लिस्ट भेज रही हूँ, यह सब शाम ५।०० बजे तक मेरे पास पहुँच जाना चाहिए।" और इतना बोलकर फ़ोन कट कर देती है। और हौले हौले मुस्कुराती है

"मिस्टर ऋषभ ओबेरॉय, आज की रात मैं तुम्हें अपना बना कर ही रहूँगी। आलया इतनी जल्दी अपनी बेज्जती नहीं भूलती।"

आख़िरकार उसके दिमाग़ में क्या चल रहा था? उसने किसे फ़ोन किया था?

रणवीर और आलया ने होटेल के क्लब में पार्टी रखी थी जहाँ शहर के जाने माने लोग और लगभग हर क्षेत्र की मशहूर हस्तियाँ मौजूद थे। पार्टी अपने पूरे शबाब पर थी सभी पार्टी को बहुए एन्जॉय कर रहे थे। किन्तु आलया की नज़रें जिसे तलाश रहीं थी वह वहां नहीं था, जबकि रणवीर अपने गेस्ट्स का अच्छे से ख़याल रख रहा था और उन्हें खास तवज्जोह दी जा रही है यह एहसास करवाने की हर चंद कोशिश कर रहा था की। कुछ ही देर में ऋषभ भी उस पार्टी में पहुँच गया और उसे आते देख रणवीर उसे वेल्कम करने के लिए लगभग दौड़ते हुए उसके पास पहुचता है और कुछ ज्यादा ही आदर के साथ उसे पार्टी में ले आता है। आलया की नज़र जैसे ही

ऋषभ पर पड़ती है तो ग्रीन सूट में उस खूबसूरत चेहरे और सुगठित जिस्म के मालिक को देख वह फिर ख्यालों की दुनियां में पहुँच कर उसके साथ कोई तस्वीर बनाने लगती है, की तभी वह किसी से हल्का सा टकरा जाती है और उसके ख्वाब बीच में ही टूट जाते हैं और फिर एक बार अपनी फितरत से मजबूर आलया का शैतानी दिमाग़ कुछ सोचने लगता है।

वह हाथ में ड्रिंक लेकर ऋषभ को रिझाने लगती है। ऋषभ उसकी हरकतों से इरिटेट हो रहा था। वह उस टेबल से उठकर दूसरी तरफ़ जाकर बैठ जाता है। आलया समझ जाती है कि ऋषभ इस तरह उसके जाल में नहीं फ़सने वाला उसके लिए तो प्लान बी आज़माना पड़ेगा।

आलया एक वेटर को अपने पास बुलाती है और उसे एक पैकेट देते हुए कहती है "इसे ड्रिंक में मिला कर के उस ग्रीन सूट वाले साहब को पिला देना, मैं तुम्हें ५००० रुपए दूँगी।" वेटर उसे सलाम करते हुए वहां से चला जाता है और ठीक वैसा ही करता है जैसे आलया ने उसे करने को कहा था। उधर जैसे ही ऋषभ ने ड्रिंक पीना शुरू किया, आलया का चेहरा खिल उठा, उसे अब अपनी मंजिल कुछ करीब नज़र आने लगी वह सोचने लगी की अब तो वो अपने मक़सद के बहुत ही पास है।

रणवीर पार्टी करने में इतना ज्यादा व्यस्त था कि आलया की जालसाज़ी उसे दिख नहीं रही थी।

जैसे ही ऋषभ ने ड्रिंक ख़त्म करी उसे सर में कुछ भारीपन का एहसास हुआ उसे लगा मनो सर धीरे धीरे भारी होता जा रहा है। दूर से बैठे आलया उसपर नज़र रखे हुए थी। ऋषभ अपने सर के भारीपन से थोड़ा अनमना सा हो जाता है और वह घर जाने को उठता है उधर आलया को लगता है कि आज अगर ऋषभ चला गया तो उसके सरे सपने चकनाचूर हो जायेंगे उसका प्लान उसे चौपट होता नज़र आता है।

ज्यों ही ऋषभ पार्टी हाल से निकल कर होटल की लॉबी की तरफ बाहर जाने लगता है, आलया दौड़कर ऋषभ को सम्भालते हुए कहती है "सर, लगता है कि आपकी तबियत ठीक नहीं है, चलिए मैं आपको कमरे तक ले चलती हूँ।"

ऋषभ नशे ज़रूर था लेकिन आलया के छूने के अन्दाज़ को बखूबी समझ और पहचान रहा था। उसने ज़ोर से आलया का हाथ झटक दिया जिससे आलया संभल न सकी और उससे दूर जाकर गिरी। इधर वह उठने की कोशिश कर रही थी इतने में ही ऋषभ का ड्रायवर गाडी ले कर आ पहुंचा और जब तक आलया संभल कर खड़ी हुयी ऋषभ घर जा चुका था।

ऋषभ गाड़ी में बैठ कर अपने ड्रायवर को घर चलने के लिए कहता है उधर आलया अपने बने बनाये खेल के मिटटी में मिल जाने से बेतरह झल्लाई हुयी पैर पटकते हुए अंदर चली जाती है। जबकि रणवीर इस सब से अनजान था।

ऋषभ जब घर पहुंचा तब दीपिका अपने कमरे में ही थी, गाड़ी की आवाज़ सुनकर घड़ी देख सोचने लगी कि ऋषभ इतनी जल्दी कैसे घर आ गए लगता है पार्टी जल्दी खतम हो गयी।

दीपिका कमरे से निकल कर सीढ़ियों से उतरती है तो देखती है कि ड्राइवर अंकल ऋषभ को सहारा देकर अंदर ला रहे है।

दीपिका ने ऋषभ को इस तरह नशे में चूर कभी नहीं देखा था, वह परेशान हो दौड़ते हुए ऋषभ के पास जाती है और ड्राइवर से कहती है "ड्राइवर अंकल, आप जाइए, मैं इन्हें ले जाऊँगी।"

ड्राइवर के वहाँ से चले जाने के साथ ही दीपिका ऋषभ का हाथ अपने कंधे पर रखती है और अपने हाथों से ऋषभ को कमर से पकड़ कर सँभालते हुए सीढ़ियों से चढ़ धीरे धीरे अपने कमरे की तरफ़ ले जाती है। ऋषभ बस हल्के से उसे एक नज़र देखता है और उसे दीपिका के होंठ नज़र आते है। दीपिका की आँखें ऋषभ को देखती है जो उसे मदहोश लगती है, लेकिन वह यह सब नज़र अन्दाज़ कर देती है और कमरे में ले जाकर ऋषभ को एक कुर्सी पर बैठा कर उसके जूते मोज़े निकलती है और फिर उसकी टाई, कोट खोलती है। इस दौरान ऋषभ बस उसे देखे ही जा रहा था। नाईट गाउन पहनाने के लिए दीपिका जैसे ही उसके शर्ट के बटन खोलना शुरू करती है, ऋषभ उसका हाथ पकड़ लेता है और उससे कहता है "दीपु, बस करो, मैं अपने आपको और क़ाबू में नहीं रख पाऊँगा, आज तुम मुझसे दूर रहो, मुझे किसी ने ड्रिंक्स में ड्रग दे दिया है, जिस कारण मैं अपने होश में नहीं हूँ। प्लीज़ जाओ यहाँ से।"

दीपिका कहती है "मैं आपको इस हाल में छोड़कर कहीं नहीं जाऊँगी, मैं भी तों देखूँ आप कितने होश में नहीं हैं चलिए वाशरूम में, जब ठंडा पानी सर पर गिरेगा आपका होश अपने आप वापस आ जाएगा।"

दीपिका को तो अंदाज़ा भी नहीं था कि आलया ने कितना पावरफु ल ड्रग दिया था ऋषभ को।

दीपिका ऋषभ को पकड़ते हुए वाशरूम ले जाती है। ऋषभ को शावर के नीचे खड़ा कर शावर खोल देती है, जैसे ही ठंडा पानी ऋषभ के सिर पर गिरता है उसका नशा और भी बड़ जाता है और वह दीपिका को भी अपने क़रीब खींच लेता है और दीपिका भी पूरी भीग जाती है। दीपिका का भीगा बदन ऋषभ के तन को आग लगा रहा था। ऋषभ दीपिका के पीठ पर बंधी हुयी उसके कुर्ते की डोरी को खोल देता है और कंधे से कुर्ते को नीचे सरकाता है जिससे दीपिका के उभार साफ़ दिखने लगते है। दीपिका शर्मा जाती है और वह वहाँ से जाने लगती है लेकिन ऋषभ उसे कस कर पकड़ लेता है और अपनी तरफ़ खींचता है। ऋषभ को ठंडा करने के लिए दीपिका भी अपने आपको ढीला छोड़ खुद को उसे समर्पित कर देती है।

ऋषभ को दीपिका के होंठ बहुत आकर्षित कर रहे थे, वह उन्हें चूमना शुरू कर देता है, आग दीपिका की भी भड़क रही है वह भी ऋषभ का साथ देती है। फिर दोनों बाथ टब में जाते है जो की झाग से भरा हुआ था। ऋषभ अपने और दीपिका के सारे कपड़े बाहर फेंक देता है और दीपिका को ऊपर से नीचे तक किस करने लगता है जो कि बहुत वाइल्ड था। गर्दन पर ऋषभ ने कई लव बाइट्स दिए। दीपिका को मीठा मीठा दर्द हो रहा था लेकिन उसने ऋषभ को नहीं

रोका और उस दर्द में छुपे अन्नंद को महसूस करती रही। उसने ऋषभ को वो सब कुछ करने दिया जो वह करना चाह रहा था। क़रीब एक घंटे तक दोनों ने बाथ टब में एक दुसरे के बदन की गर्मी को हर तरह से शांत किया और फिर दीपिका बाहर निकल कर फ्रेश होकर कमरे में चली गयी। उसने वन पीस पहना हुआ था जिसमें से उसका लचीला बदन नज़र आ रहा था। वह बेड में जाकर लेट जाती है। ऋषभ थोड़ी देर बाद वाशरूम से निकल कर बहार आ कर दीपिका से कहता है दीपू मेरा सिर बहुत भारी हो रहा है।

दीपिका उसे इशारे से अपने पास बुलाती है।

ऋषभ सीधा बात टब से निकल कर आया था और बदन पर सिर्फ टॉवल ही था जो दीपिका की आग को फिर से भड़काने के लिए काफी था वह बहुत ही हॉट लग रहा था। ऋषभ दीपिका के पास पलंग पर पंहुचा तो दीपिका ने कमरे की साड़ी लाइट्स बंद कर दी और ऋषभ के बालों को सहलाने लगी, ऋषभ को उसका यूँ सहलाना बहुत अच्छा लग रहा था और सर का भारीपन भूल उस के हाथ धीरे धीरे दीपिका के शरीर पर फिसलने लगते हैं वह कमर को कस के पकड़ता है तो दीपिका ज़ोर से चिहुंक उठती है फिर ऋषभ दीपिका के जिस्म को चूमता है और दीपिका को अपने क़रीब खींचता है, अब दीपिका भी ऋषभ को चूमने लगती है कभी उसके गालों को, कभी उसके होंठों को तो कभी उसके सीने को, दीपिका के इस तरह चूमने से ऋषभ अपने होश खो देता है वह दीपिका के कपड़े खोल ब्लैंकट के नीचे चला जाता है और वे अपने जिस्म गरम करने लगते है। फिर कब उनकी आँख लग गयी उन्हें पता ही नहीं चला।

अगले दिन सुबह ऋषभ की आँख खुलती है तो देखता है कि दीपिका अभी तक सो रही है, वह दीपिका को देख घबरा जाता है क्यूँकि उसके पूरे बदन पर काटने और नाखूनों के निशान थे जो नीले पड़ गए थे ऐसा लग रहा था कि रात को किसी ने उसे बहुत टॉर्चर किया हो। ऋषभ को तभी याद आया की यह सब दीपिका के साथ उसने ही किया था। उसे अपने ऊपर बहुत गुस्सा आ रहा था, गुस्से के कारण वही टेबल पर रखे ग्लास को उसने काँच के टेबल पर दे मारा और पूरा टेबल टूट कर चूर चूर हो गया। तेज आवाज़ सुन दीपिका घबराकर उठ कर बैठ जाती है। उठ कर देखती है कि ऋषभ पास में खड़ा है और उसके हाथ से खून बह रहा है। खून देखकर दीपिका दौड़कर फ़र्स्ट एड बॉक्स लाकर ऋषभ का खून साफ़ करने लगती है कि ऋषभ उसका हाथ झटक देता है और उससे कहता है "मैं जब तुम्हारे साथ यह सब कर रहा था तो तुमने मना क्यूँ नहीं किया मुझे? क्यूँ मुझसे दूर नहीं गयी, मैंने मना किया था मेरे पास मत आना। बोला था न, क्यूँ तुमने मेरी बात नहीं सुनी क्यूँ आख़िर क्यूँ?"

दीपिका उसके होंठों पर उँगली रखते हुए बोली "श्शश... कुछ नहीं करा है आपने, कुछ ग़लत नहीं हुआ है मेरी मर्ज़ी के ख़िलाफ़ आपने कुछ भी नहीं किया है और हाँ आप कितने हॉट एंड सेक्सी है यह मैंने कल रात ही जाना।" इतना सुन ऋषभ के चेहरे पर हंसी आ गयी, और फिर दीपिका को कमर से पकड़खुद के करीब लेट हुए बोला "अच्छा तो मैं सिर्फ़ आपको कल ही हौट एंड सेक्सी लगा, रोज़ नहीं लगता।"

दीपिका हंसते हुए अपने बालों को ऋषभ के नूंह पर झटकती है और ऋषभ की पकड़ ढीली होते ही दीपिका उस पकड़ से निकल जाती है।

दीपिका ऋषभ को शांत करती है और उसे बैठाती है और उससे कहती है "कल आप काफ़ी नशे में थे, और आप कह रहे थे कि आपको किसी ने ड्रग दे दिया है। किसने ऐसी हरकत की है? आप पता लगाइए। वो कौन है जो आपका बुरा चाहता है? ऋषभ कुछ सोचते हुए बोलता है "मिसेस ओबेरॉय आप ठीक कह रही है किसने ऋषभ ओबेरॉय से उलझने की हिम्मत की है? पता लगाना पड़ेगा। कौन भगवान के घर जाने के लिए बेसब्री से इंतज़ार कर रहा है?"

ऋषभ और दीपिका दोनों ही सोच में पड़ जाते है।

दीपिका ऋषभ से कहती है "आप इतना स्ट्रेस मत लीजिए, पता चल जाएगा, कौन है इसके पीछे, और पता नहीं कौन होगा, जो भी हो, आप रोहित भैया के साथ डिस्कस करके सब कुछ करिएगा। पता नहीं किसने मेरे रिशु से पंगा लेने की जुर्रत करी है।"

इतना कहकर वह वाशरूम जाने लगी तभी ऋषभ ने उसके हाथ को पकड़ लिया।

ऋषभ : क्या कहा? तुमने अभी।

दीपिका : मैंने कहा, रोहित भैया के साथ डिस्कस कर लीजिएगा।

ऋषभ : नहीं, उसके बाद।

दीपिका : उसके बाद, मैंने कहा कि किसकी जुर्रत हुयी? जो आपसे पंगा ले लिया।

ऋषभ : नहीं यार, उससे पहले तुमने मुझे किस तरह बुलाया?

दीपिका : रिशु।

ऋषभ : एक बार फिर से बोलो।

दीपिका : रिशु ...रिशु...रिशु...।

ऋषभ दीपिका के मुंह से रिशु नाम सुन इतना खुश हो जाता है कि उसे गोद में उठा लेता है और उसके होंठों को चूम लेता है।

दीपिका भी उसके होंठों को अलग ही अन्दाज़ में चूमती है।

दो अनजान अब एक जिस्म और एक जान बन गए थे।

ऋषभ दीपिका से कहता है कि उसे ऑफिस के लिए ज़ल्दी निकलना है इसलिए वह ब्रेक्फ़ास्ट ऑफ़िस में ही करेगा

वह रेडी होकर ऑफ़िस के लिए जल्द ही निकल गया। ऑफ़िस में पहले से ही रोहित और सागर मौजूद थे।

ऋषभ अपने कैबिन में बैठा हुआ है साथ में रोहित और सागर भी हैं।

ऋषभ बहुत गुस्से में है और वह रोहित से कहता है "यार, पता लगा, किसने यह सब किया है?"

रोहित : तू शांत होकर बैठ अभी पता चल जाएगा किसने यह हरकत की है?

तभी एक आदमी आकर सागर को एक चिप देता है।

सागर : यह लीजिए सर, कल रात की पार्टी की सी सी टी वी फ़ोटेज आ गयी है, अब पता चल जाएगा कि किसने आपके साथ यह हरकत की है?

रोहित वह चिप अपने लैपटॉप में लगाता है और सभी वीडियो क्लिप को बड़े ध्यान से देखने लगते हैं। थोड़ी देर में वह विडीओ पॉज़ करके ऋषभ से कहता है "ये देख, इन महाशय ने तेरी ड्रिंक में ड्रग मिलाया है।

ऋषभ जब क्लिप को देखता है तो गुस्से से उसकी आँखे लाल हो जाती है।

ऋषभ रोहित को दोनों हाथों से पकड़ कर कहता है "सुन, मेरी बात, मुझे यह आदमी आधे घंटे के अंदर चाहिए, । तुझे पता है ना, कि तुझे क्या करना है?"

ऋषभ बहुत गुस्से में था इसलिए रोहित ने उससे बात करना ठीक नहीं समझा, इसलिए वह अपना सर हाँ में हिलाकर सागर के साथ ऋषभ के केबिन से बाहर निकल अपने काम को अंजाम देने में लग गया।

क़रीब आधे घंटे बाद ......।

एक डार्क कमरे में वही कल रात वाला वेटर कुर्सी पर बैठा हुआ है उसकी आँखो पर काला कपड़ा बंधा हुआ है, दोनों हाथ रस्सी से बंधे हुए है, और चिल्ला रहा है "कौन लाया है यहाँ मुझे? कौन है, कोई बोलता क्यूँ नहीं?"

तभी किसी के ज़ोर से हंसने की आवाज़ आती है।

हंसी सुनते ही वेटर इधर उधर देखने लगता है और तभी उसकी आँखों की पट्टी निकाल दी जाती है और वह देखता है कि उसके ठीक सामने एक बड़े से सोफ़े पर एक आदमी बैठा हुआ है पर अंधेरे की वजह से उसका चेहरा साफ़ नहीं दिख रहा था।

वेटर ज़ोर से चिल्लाते हुए कहता है "कौन हो तुम? मुझे यहाँ ऐसे क्यूँ लाया गया है? मैंने क्या बिगाड़ा है तुम्हारा?"

ऋषभ तेज़ी से आकर उसका गला पकड़ते हुए कहता है "याद आया कुछ?"

वेटर की आँखे बड़ी हो जाती है और ज़बान बाहर को लटकने लगती है।

वेटर : सर, आप?

ऋषभ : याद आया ? चल अब बता, कल तू ने मेरे ड्रिंक में ड्रग क्यूँ मिलाया था ?

वेटर : मैंने किसी के कहने पर यह सब करा था। इसके लिए उन्होंने मुझे ५००० रुपए दिए थे। आप प्लीज़ मुझे छोड़ दीजिए, मेरे छोटे छोटे बच्चे है।

ऋषभ : किसने कहा था बता ?

वेटर : मैं उन्हें नहीं जानता, वह एक मैडम थी।

तभी रोहित उससे पूछता है "अगर उसे देखेगा तो पहचान लेगा ?"

वेटर : जी साहब अगर मैं उन्हें देखूँ तो पहचान लूँगा।

रोहित पार्टी का क्लिप वेटर के सामने चला देता है और वेटर बड़े ध्यान से उस वीडियो क्लिप को देखता रहता है और उस लेडी को पहचानने की कोशिश करता है जिसने उसे ऋषभ के ड्रिंक्स में मिलाने के लिए ड्रग दी थी तभी अचानक ही बोल पड़ता है "सर, रोकिए क्लिप को, यही है वो मैडम, जिन्होंने मुझे आपके ड्रिंक में मिलाने के लिए एक पुड़िया दी थी।"

रोहित वीडीओ को पॉज़ करता है और ऋषभ जैसे ही क्लिप को देखता है उसके आँखो में खून दौड़ने लगता है।

रोहित पूछता है "तू जानता है इसे ? कौन है ? मैंने तो इसे पहले कभी नहीं देखा है।

ऋषभ : अरे यह कल ही गुजरात से आए है, हमारे नए क्लायंट है। इसका नाम आलया है।

रोहित कहता है "तू थोड़ा संभल कर रह, यह बड़ी पहुँची हुयी चीज़ लगती है। पहले दिन ही इसने तुझे बेहोश कर दिया।

तभी वेटर ऋषभ के पैरो में गिर जाता है और रोते हुए कहता है "साहब मैंने पैसों के लालच में ऐसा करा था, मेरी कमाई से घर का गुज़ारा नहीं हो पा रहा है, मेरे बच्चों के लिए मैंने यह ग़लत काम किया है।"

ऋषभ रोहित से कहता है "इसका और इसके परिवार का बंदोबस्त कर दे, मैं घर जा रहा हूँ आज तू सम्भाल ले, मेरा सिर बहुत भारी लग रहा है, और सुन, मेरी टेबल पर लाल रंग की एक फ़ाइल रखी है, उसे अच्छे से स्टडी कर लेना, तुम्हें क्या करना है पता चल जाएगा, उस में सारी डिटेल्ज़ हैं।"

इतना कहकर ऋषभ वहाँ से घर की तरफ़ निकल जाता है और

ऑफ़िस में रोहित ऋषभ के कैबिन में जाता है और टेबल पर रखी हुयी लाल फ़ाइल को ले कर अच्छी तरह से स्टडी करता है जैसे जैसे पढता जाता है उसे सब कुछ समझ जाता है कि उसे क्या करना है।

रोहित रणवीर का फ़ोन नम्बर फ़ाइल से देखकर उसे फ़ोन मिलाता है और कहता है "हेलो, मिस्टर रणवीर, मैं मिस्टर ऋषभ की तरफ़ से बोल रहा हूँ।"

रणवीर : यस सर, बोलिए।

रोहित : मिस्टर ऋषभ ने आपको सूचित करने के लिए कहा है कि जो इवेंट नेक्स्ट वीक में होने वाला था वह इवेंट इसी वीकएंड होगा। हमारी कम्पनी की और से 50 करोड़ आपकी कम्पनी के अकाउंट में ट्रान्स्फ़र हो चुके है। तो कोई गड़बड़ नहीं होनी चाहिए, सर को कोई भी गलती मंज़ूर नहीं है।

रोहित : हेलो, मिस्टर रणवीर, आप सुन रहे है?

रणवीर : जी जी, सर, मैं सुन रहा हूँ।

रोहित : तो मिस्टर रणवीर, आप पार्टी का अरेंजमेंट शुरू कर दीजिए, आपके पास ज्यादा समय नहीं है।

रणवीर : यस सर, नो प्रॉब्लम, सारे अरेंजमेंट हो जाएँगे। आप चिंता मत कीजिए। क्या मैं मिस्टर ऋषभ से बात कर सकता हूँ?

रोहित : सॉरी मिस्टर रणवीर, मिस्टर ऋषभ आउट ऑफ़ टाउन है और बिजी है तो उनसे तो अभी आपकी बात नहीं हो सकती, आपको जो कुछ भी कहना है तो आप मुझसे बेझिझक कह सकते है।

रणवीर थोड़ी देर चुप रहता है और फिर बोलता है,

रणवीर : इट्स ओके सर, नो प्रॉब्लम, ठीक है, मैं इवेंट के सारे अरेंजमेंट करवाता हूँ इसी वीकएंड के लिए।

रोहित फ़ोन कट कर देता है और बोलता है "भाभी, अब आप देखिएगा की आपका मिस्टर ओबेरॉय किस तरह आपकी बेज्जती का बदला लेता है अपने अन्दाज़ में।"

इधर फ़ोन रखते ही रणवीर थोड़ा स्ट्रेस में आ जाता है। आलया कमरे में ही थी जब रणवीर के लिए फ़ोन आया था। रणवीर को स्ट्रेस में देख आलया भी सोच में पड़ जाती है। वह सोचती है कि कही ऋषभ को उसके बारे में पता तो नहीं चल गया। फिर अगले ही पल सोचती है कि ऋषभ को कैसे पता चलेगा कि ये सब उसने ही किया है। यहाँ तो उसे कोई जानता भी नहीं है। फिर मुस्कुराते हुए सोचती है कि कोई बात नहीं उस दिन उसका वार खली गया, लेकिन इस इवेंट में ऋषभ को वह अपना बना ही लेगी।

आलया रणवीर से कहती है "बेबी, चलो ना शॉपिंग पर, सोच रही हूँ पार्टी के लिए कुछ ड्रेस ले लू।"

"सॉरी जान, तुम जाओ, मेरा कार्ड ले जाओ और शॉपिंग कर लो, मुझे पार्टी की अरेंजमेंट देखनी है, बहुत काम है।"

आलया की तो मन की मुराद पूरी हो गयी, वह भी यही चाह रही थी कि रणवीर उसके साथ ना जाए।

इधर ओबेरॉय मेंशन में,

ऋषभ घर जल्दी पहुँचता है तो वह देखता है की जानकी माँ दादा जी को शॉल ओढ़ा रही थी।

क्या बात है बाबा आज इतनी जल्दी कैसे ?

हाँ, सिर बहुत भारी हो रहा था। इसलिए जल्दी आ गया। आप थोड़ा चाय भिजवा देंगी कमरे में।

ऋषभ दादा जी के पैर छूता है और उनके माथे पर किस करता है।

बेटा, कभी कभी अपने शरीर को थोड़ा आराम भी दिया कर, ऐसे काम करेगा तो तबियत बिगड़ जाएगी।

जी दादा जी, वैसे आपकी दोस्त, नज़र नहीं आ रही, क्या बात है ? कहाँ है आपकी बहु रानी ?

तभी जानकी बोल उठती है "अभी तक यही थी, दादा जी के पास ही बैठी हुई थी, दादा जी के लिए वही तो शॉल ले आयी थी, लेकिन तभी किसी का फ़ोन आ गया और वह अपने कमरे में चली गयी।"

ठीक है, माँ, आप कमरे में मेरे लिए चाय भिजवा दीजिए।

अपने कमरे में पहुँचते ही वह देखता है कि दीपिका किसी के साथ हंस हंस कर बात कर रही है। और अपने बालों के साथ खेल रही थी।

उसे देखते ही ऋषभ का सिर दर्द भाग गया और वह बस उसे देखता ही रहा। दीपिका तो बस बातों में ही लगी हुयी थी, उसे तो पता ही नहीं था कि ऋषभ उसे देखे ही जा रहा था।

तभी जानकी माँ कमरे में चाय लाती है और ऋषभ चाय की ट्रे उनसे लेकर उन्हें जाने को कह देता है। जानकी माँ दीपिका को और ऋषभ को देख मुस्कुराते हुए वहाँ से चली जाती है और जाते वक्त उनके कमरे का दरवाज़ा बंद कर देती है।

ऋषभ धीरे धीरे दीपिका के क़रीब जाता है और उसके पीछे जाके खड़ा हो जाता है तभी दीपिका को ऋषभ के पास होने का अहसास होता है और झटके से पीछे मुड़ कर देखती है तभी ऋषभ उसे आँखों आँखों में प्यार भरा इशारा करता है जिससे हडबडाहट में दीपिका के हाथ से फ़ोन गिर जाता है। दीपिका को देख ऋषभ की हंसी छूट जाती है।

दीपिका झट से फ़ोन उठाती है और कहती की वह बाद में बात करेगी।

दीपिका ऋषभ के पास जाकर कहती है "अपने क्या किया अभी ?"

ऋषभ : क्या किया मैंने ?

बोलते बोलते ऋषभ उसकी तरफ़ बड़ रहा है और दीपिका पीछे हटती जा रही है।

दीपिका : अभी आपने......।

ऋषभ : हाँ, हाँ मैंने...।।

धीरे धीरे पीछे जाते जाते दीपिका की पीठ दिवार से सट जाती है और ऋषभ अपने दोनों हाथ उसके अगल बगल रख उस के शरीर पर अपना दबाव बनाते हुए उस पर झुक कर खड़ा हुआ है।

दीपिका : रहने दीजिए, आप दीपिका अपना सिर झुकाके खड़ी हो जाती है।

ऋषभ दीपिका का चेहरा ऊपर उठाता है और कहता है "आपको अच्छा नहीं लगा क्या, सॉरी।"

दीपिका तभी कह उठती है "नहीं, मैंने तो ऐसा नहीं कहा।"

ऋषभ : तो आपको अच्छा लगा।

दीपिका शर्मा जाती है और ऋषभ का हाथ हटाके वहाँ से जाने लगती है, तभी ऋषभ उसका हाथ पकड़ लेता है और उसे हथेली से चूमना शुरू कर देता है।

ऋषभ : अच्छा, तो यह बतायिए कि आपको और क्या अच्छा लगता है।

दीपिका तो ऋषभ के स्पर्श से मदहोश होती जा रही थी उसका अपने पर से नियंत्रण ही ख़त्म हुआ जाता था।

"अब हमारी शादी को दुनिया के सामने रखने का वक्त आ गया है। मैंने परसों हमारी रिसेप्शन पार्टी रखी है। आप खुश है ना ?"

रिशु, आप मेरे साथ है, यही मेरे लिए सब कुछ है बाक़ी आपको जैसा ठीक लगे आप वैसा ही कीजिए।

ऋषभ दीपिका के माथे पर प्यार से एक चुम्बन अंकित कर देता है।

दीपिका उसके होंठों को चूमते हुए कहती है "आइ लव यू, एंड आइ कांट लिव विद आउट यू।"

ऋषभ की आँखे भर आयी उसने सोचा की उसने तो दीपिका से कॉंट्रैक्ट की शादी की थी लेकिन उसने सदा ही दीपिका की आँखो में अपने लिए बे-इंतिहा प्यार देखा है और अब तो उसे भी दीपिका से बहुत प्यार हो गया है।

धीरे धीरे उनके शरीरों की गर्मी, एक दूजे के शरीर के हर हिस्से को चूमते हुए और बढ़ने लगी वे परस्पर एक दुसरे में समां जाने को बेताब होने लगे।

थोड़ी देर बाद ऋषभ ने दीपिका को मिरर के सामने ले जाकर कुर्सी पर बैठा दिया और उसे अपनी आँखे बंद करने के लिए कहता है। फिर ऋषभ ने अपने पॉकेट से लाल रंग का एक बॉक्स निकाला जिसमें डाइअमंड का छोटा सा रोज़ गोल्ड चेन था जो ऋषभ दीपिका के गले में पहनाकर उसे आँखे खोलने को कहता है।

दीपिका आँखे खोलती है और अपने गले में डाइअमंड की चेन देखकर बहुत ख़ुश होती है और कहती है "वाओ, बहुत सुंदर है।"

ऋषभ दीपिका का मुस्कुराता हुआ चेहरा देख मुस्कुरा उठा।

दीपिका तभी ऋषभ से कहती है "मुझे आपसे एक पर्मिशन चाहिए"

ऋषभ : पर्मिशन क्यूँ? हक़ से बोलिए क्या बात है?

दीपिका : आलया के अलावा मेरी एक और सहेली थी कनक, जो अभी बंगलोर में रहती है तो वो कुछ दिनो के लिए मुंबई आ रही है तो क्या मैं उसे अपने साथ रख सकती हूँ?

ऋषभ : देखिए दीपिका यह घर जितना मेरा है उतना आपका भी है, आप अपनी सहेली को ज़रूर बुला सकती है। आपको अपने घर के लिए जो कुछ भी करना है और आपको किसी को भी बुलाना है तो मेरे पर्मिशन की आवश्यकता नहीं है। आपके गेस्ट मेरे गेस्ट है।

दीपिका यह सुन बहुत खुश होती है और ज़ोर से ऋषभ को गले लगा लेती है।

ऋषभ दीपिका से कहता है "आपको देखता रहा तो पूरा दिन निकल जाएगा, लीजिए जानकी माँ चाय लायी थी वो भी ठंडी हो गयी, चलो कोई बात नहीं जिसके लिए चाय मंगायी थी वो तो आपको देखकर छू मंतर हो गयी।

दीपिका : क्या हुआ था आपको?

ऋषभ : मेरा सिर थोड़ा भारी था इसलिए जानकी माँ को चाय में लिए बोला था। चलो, अब सब ठीक है, मैं वाशरूम जा रहा हूँ, फ्रेश होने।

ऋषभ के जाने के बाद दीपिका अपनी चेन को देखती है और मन ही मन कहती है की भगवान जो कुछ करता है वो सोच समझ कर ही करता है, उन्होंने ऋषभ को कुछ सोच समझ कर ही मेरी ज़िंदगी में शामिल किया है। भगवान ने शायद ऋषभ जैसा फ़रिश्ता मेरे लिए ही भेजा है। और सोचते सोचते अपने मंगल सूत्र को हाथों में ले चूम लेती है।

आज, ओबेरॉय मेंशन में बहुत हलचल है, हालाँकि पार्टी के अभी दो दिन बाकि हैं।

आज दादाजी बहुत खुश है, बहुत सालो बाद ओबेरॉय मेंशन ख़ुशी से जगमगा रहा था। दादाजी की की ख़ुशी आज दुगुनी थी क्यूँकि रोहित भी ओबेरॉय मेंशन में रहने के लिए आने वाला था।

अब आप सोच रहे होंगे कि रोहित क्यूँ यहाँ रहने आ रहा है?,

दरसल रोहित और ऋषभ के माता पिता एक दूसरे के बहुत अच्छे दोस्त थे, लेकिन ऋषभ के माता पिता के देहांत के बाद रोहित के माता पिता ने ऋषभ को बहुत प्यार दिया, रोहित का बचपन अक्सर ओबेरॉय मेंशन में ही बीता था। सब कुछ अच्छा ही जा रहा था, रोहित जब कॉलेज में था तभी एक बिज़नेस मीटिंग अटेंड करने के लिए रोहित के माता पिता सिंगापुर जा रहे थे और उनकी प्लेन क्रैश में मृत्यु हो गयी। इस हादसे ने रोहित को पूरी तरह से हिला दिया था। वह माता पिता के जाने के बाद अपने घर में नहीं रहना चाहता था। तो दादा जी ने उसे ओबेरॉय मेंशन में बुला लिया था। फिर एम बी ए की पढ़ायी करने वह अमेरिका चला गया। फिर जब वो अमेरिका से लौटा तो ऋषभ ने उसे अपने बिज़नेस में पार्टनर बना लिया और रोहित ऋषभ के दूसरे शहरों में फैले बिज़नेस देखने लगा। अब जब रोहित मुंबई में पूरी तरह से आ गया है तो दादा जी ने उसे ओबेरॉय मेंशन में आकर के रहने को कह दिया है। तो आज वही दिन है जब रोहित अपना सारा समान पैक कर ओबेरॉय मेंशन में शिफ़्ट होने वाला है।

दीपिका भी आज बहुत खुश थी क्यूँकि आज उसकी बचपन की सहेली कनक भी आने वाली थी। उसे खुश देखकर दादा जी भी बहुत खुश हो रहे थे, उन्हें बहुत अच्छा लग रहा था कि दीपिका ने घर को पूरी तरह से अपना लिया है। दीपिका ने आज कनक की पसंद की सारी डिशेज़ बनायी थी। कनक को लाने के लिए ऋषभ ने गाड़ी भिजवा दी थी। ऋषभ ऑफ़िस जल्दी चला गया था। दीपिका ने कनक के लिए गेस्ट रूम को तैयार करवा दिया था। दादाजी को भी दीपिका ने बता दिया था कि आज उसकी सहेली कनक आने वाली है। दीपिका की चहरे की ख़ुशी देख दादा जी को भी बहुत ख़ुशी हो रही थी।

किचन में दीपिका काम ही कर रही थी कि उसका फ़ोन बज उठा, फोन की स्क्रीन पर कनक का नाम देख वह ख़ुशी से झूम उठी और फोन उठा कर ख़ुशी से लगभग चीखते हुए बोली।

हाय, तू आ गयी,

हाँ, स्वीटहार्ट मैं आ भी गयी, और अभी जीजू की भेजी गाडी में ही हूँ बहुत ज़ल्द तेरे पास पहुँचती हूँ।

दीपिका : हाँ, जल्दी आ जा, तुझसे बहुत सारी बात करनी है। मैं मरी जा रही हूँ तुझसे बातें करने के लिए।

कनक : हाँ यार, कितने सालो बाद मिलेंगे न, अच्छा, आती हूँ, मुझे भी तेरे साथ बहुत बातें करनी है।

दीपिका : ध्यान से आना ठीक है।

फ़ोन कट हो जाता है।

कनक की गाड़ी एयर पोर्ट से कुछ ही दूर जाकर ख़राब हो जाती है, कनक ड्राइवर से पूछती है," क्या बात है भैया? क्या हुआ। गाड़ी क्यूँ बंद हो गयी है?

मैडम, टायर पंचर हो गया है, देखता हूँ।

ड्राइवर टायर के साथ गाड़ी का एंजिन भी देखता है जो कि बहुत गरम हो गया था तो वह सब कुछ देखकर कनक को बोलता है "मैडम, मकैनिक को बुलाना पड़ेगा। मैं कहीं पास से

ही मैकेनिक लेकर आता हूँ। आसपास काफ़ी सुनसान है, मैं जल्दी ही आ जाऊँगा आप गाड़ी में ही रहिएगा।"

ड्राइवर मकैनिक बुलाने के लिए चला जाता है, आधा घंटा हो जाता है तो कनक को ध्यान में आता है कि वो दीपिका को कॉल कर दे कि उसकी गाड़ी ख़राब हो गयी है और उसे आने में थोड़ी देर हो गयी है।

कनक के लिए मुंबई शहर एकदम नया था और यहाँ वह दीपिका के सिवाय किसी को नहीं जानती थी। कनक अपने फ़ोन को देखती है कि उसमें नेटवर्क नहीं था और बैटरी चार्ज भी खतम होने वाला था। वह गाड़ी से निकल जाती है और नेट वर्क का इंतज़ार करती, वह आसपास देखती है पर दूर दूर तक कहीं भी कोई नहीं था सब कुछ बिलकुल सुनसान और शांत था। वह दीपिका को कॉल करने की कोशिश करती है लेकिन नेटवर्क ना होने पर कॉल नहीं लगता है। फ़ोन की बैटरी भी डेड हो जाती है। ड्राइवर भी नहीं आया था, उस सुनसान में कनक भी अब थोड़ा थोड़ा डर रही थी। तभी कुछ लड़के बाईक में वहाँ से गुज़रते हैं और कनक को अकेला देख वह लड़के उसके पास जाकर उससे बदतमीज़ी से बात करने लगते है। कनक बहुत घबरा जाती है उसे समझ में नहीं आता कि वो क्या करे। उसका फ़ोन भी बंद हो गया था। वह वहां से जैसे कार की तरफ जाने लगती है एक लड़का उसका हाथ पकड़ लेता है वह उस लड़के के हाथ पर दाँतों से काट देती है जिससे उस लड़के की पकड़ ढीली पड़ जाती है और कनक हाथ छुड़वाकर भागने लगती है। लड़कों को गुस्सा आ जाता है वह भी उसके पीछे भागने लगते है, भागते भागते एक लड़के के हाथ कनक की क़मीज़ पकड़ में आ जाती है, ज़ोर लगाने से क़मीज़ फट जाती है जिससे कनक का आधा शरीर दिखने लगता है। कनक दुपट्टे से अपने बदन को ढकते हुए अंधाधुंध दौड़े जा रही थी उसे किसी चीज़ का होश नहीं था तभी एक गाड़ी अचानक से सामने आ जाती है और कनक उससे टकरा जाती है।

गाड़ी से एक शख़्स उतरता है और ज़ोर से चिल्लाता है "मैडम, आपको मरने के लिए मेरी गाड़ी ही मिली थी ?आपका ध्यान किधर है ?

कनक घबराहट में जाकर उस शख़्स से लिपट जाती है और हाँफते हुए कहती है "प्लीज़ मेरी मदद कीजिए, कुछ लड़के मेरे पीछे पड़े है।"

शक्स देखता है कि कुछ लड़के दौड़ते हुए आ रहे है। वह कनक की हालत देखता है और कनक की हरी आँखो को देखता है, जो बहुत मासूम थी, वह अपना कोट उतारकर कनक को पहनाता है और उसे गाड़ी के अंदर बैठाता है।

फिर लड़कों से कहता है कि अगर २ मिनट के अंदर वह वहाँ से नहीं गए तो उनको पछताना पड़ेगा। फिर जब लड़के नहीं माने तो उस शक्स ने सभी को धूल चटवा दी।

उधर कनक का ड्राइवर जब कनक को गाड़ी में नहीं पाता है तो वह उसे ढूँढते हुए उसी जगह पहुँचता है जहाँ उस शक्स ने उन लड़कों को मार मार कर धूल में सुला दिया था।

ड्राइवर उस शक्स को देखते हुए कहता है "सर, आप यहाँ?

वह शक्स और कोई नहीं बल्कि रोहित है जो कि ओबेरॉय मेंशन ही जा रहा था।

ड्राइवर को देख रोहित पूछता है "तुम यहाँ कैसे?

ड्राइवर: मैं मैडम की सहेली कनक मैडम को लेने ऐयरपोर्ट गया था, हम घर जा रहे थे लेकिन रास्ते में गाड़ी ख़राब हो गयी थी तो मैं मकैनिक को बुलाने गया था। आके देखता हूँ कि कनक मैडम गाड़ी में नहीं हैं। आस पास भी खूब ढूंढ लिया पर कही नज़र नहीं आयी।

रोहित : गाड़ी में देखो कहीं यह तो नहीं है तुम्हारी कनक मैडम?

ड्राइवर कनक को गाड़ी में बेहोशी की हालत में देखता है तो घबरा जाता है और डरते हुए पूछता है "क्या हुआ इनको? साहब तो मेरी जान ले लेंगे, मुझे उन्हें इस तरह अकेले छोड़ कर जाना ही नहीं था। मेरी ही मति मारी गयी थी।"

ड्राइवर बहुत घबरा गया था वह डर से काँप रहा था। ड्राइवर को देख रोहित कहता है "घबराओ मत, कुछ नहीं होगा, मैं साहब से बात कर लूँगा, तुम जाओ गाड़ी से कनक मैडम का सामान ले आओ, मैं घर ही जा रहा हूँ, मैं उन्हें ले जाऊँगा। ड्राइवर जाके कनक का सामान ले आता है और रोहित फिर कनक

को लेकर ओबेरॉय मेंशन में जाने के लिए निकल पड़ता है।

उधर दीपिका का दिल बहुत घबरा रहा था क्यूँकि काफी समय हो गया था और कनक अभी तक घर नहीं पहुँची थी। कनक और ड्राइवर दोनों का फ़ोन स्विच ऑफ़ आ रहा था। वह बरामदे में खड़ी ही थी कि एक गाड़ी गेट से अंदर आती हुयी दिखी। वह ऋषभ की गाड़ी नहीं थी, थोड़ी देर में वह गाड़ी से रोहित को उत रते हुए देखती है। रोहित बहुत परेशान सा लग रहा था। वह ऊपर से देख रही थी तभी वो देखती है कि रोहित गाड़ी की पिछली सीट से किसी लड़की को गोद में उठा रहा था, दीपिका उस लड़की को देख ऊपर से ही चीख पड़ती है "कनक... कनक"

रोहित दीपिका की चीख सुन ऊपर देखता है, और सीधे आगे की तरफ़ बड़ जाता है। दीपिका दौड़ते हुए नीचे आती है तो देखती है कि रोहित कनक को हॉल में सोफ़े पर लिटा रहा था। दीपिका दौड़ते हुए कनक के पास आती है और उसके शरीर में लगे चोटों को देखते हुए रोहित से पूछती है "क्या हुआ कनक को? इसे इतनी चोट कैसे लगी?"

रोहित दीपिका को शांत करते हुए कहता है "भाभी, आपकी फ्रेंड को कुछ नहीं हुआ है, मैंने डॉक्टर को बुला लिया है, वो आकर एक बार इन्हें चेक कर ले, बस, कहीं कोई अंदरूनी चोट तो नहीं लगी है इन्हें? यह जानना बहुत ज़रूरी है।"

तभी डॉक्टर साहिबा आती है और दीपिका से कहती है "इन्हें कमरे में शिफ़्ट करिए, मैं इनका पूरा चेकअप करना चाहती हूँ।"

रोहित कनक को गोद में उठाकर गेस्ट रूम में ले जाकर बेड पर लिटा देता है और खुद कमरे के बाहर जाकर खड़ा हो जाता है। कनक की हरी मासूम आँखो को वह भूल नहीं पा रहा था।

डॉक्टर अच्छे से कनक का चेकअप करती है और फिर सबको बताती है कि "कनक थोड़ा डर गयी है, मैंने इंजेक्शन दे दिया है, आधे घंटे में इनको होश आ जाएगा। ध्यान रखिए इनका।"

डॉक्टर को रोहित बाहर तक छोड़ने जाता है और जाते जाते उनसे पूछता है "डॉक्टर आपने अच्छे से चेकअप किया है ना? उन्हें कोई चोट तो नहीं लगी है?"

डॉक्टर हंसते हुए कहती है "ड़ोंट वरी मिस्टर रोहित, आपकी गर्ल फ्रेंड को कुछ नहीं हुआ है, कही कोई चोट नहीं लगी है, मैंने पूरी तरह से उनको चेक कर लिया है।"

रोहित बोल ही नहीं पाया डॉक्टर को कि कनक उसकी गर्ल फ्रेंड नहीं है।

कनक का वह मासूम चेहरा पूरी तरह से उसके दिमाग़ में बस गया था।

इधर ऋषभ कॉल कर दीपिका से पूछता है "कनक ठीक है?"

दीपिका रोते रोते कहती है "हाँ ठीक है, लेकिन अभी होश नहीं आया है, पता नहीं क्या हुआ उसके साथ, रोहित उसको घर ले आया है।"

ऋषभ कहता है "मुझे पता है कि क्या हुआ है? और जिसने भी कनक के साथ यह सब किया है उसका तो दुनिया में अब आख़िरी दिन आ गया है।"

इतना बोलते ही फ़ोन कट हो जाता है।

दीपिका फ़ोन रखते ही सोचती है की किसी दिन अगर हवा भी अपना रुख़ बदल दे तो शायद वो भी ऋषभ को पता चल जाएगा।

सोचते सोचते मुस्कुराती है और कनक को कमरे में जाकर देखती है तो अभी भी कनक बेहोश थी, उसे अभी तक होश नहीं आया था।

कनक को देखकर दीपिका वहाँ से चली जाती है।

रोहित फ्रेश होकर कनक के कमरे में जाता है तो देखता है कि कनक को धीरे धीरे होश आ रहा है, वह एकदम कनक के सामने जाकर खड़ा हो जाता है।

कनक धीरे धीरे अपनी आँखे खोलती है और अपने आपको को बेड में लेटा हुआ देख घबराकर उठ कर बैठ जाती है और सामने रोहित को देख चौक जाती है, और घबराके रोहित से पूछने लगती है "जी, मैं कहाँ हूँ? मैं यहाँ कैसे पहुँची?आप कौन है?

रोहित उससे पूछता है "आप ठीक हो न? आपको कोई तकलीफ़ तो नहीं हो रही है?

कनक बड़े प्यार से जवाब देती है "जी, मैं ठीक हूँ।"

रोहित पूछता है "आप कहाँ जाने वाली थी ? आप मुंबई किससे मिलने आयी है ?"

कनक कहती है "मैं मुंबई में नौकरी के सिलसिले आयी हूँ और यहाँ मेरी सहेली दीपिका रहती है और मैं उसी के पास जा रही थी कि हमारी गाड़ी ख़राब हो गयी और फिर कुछ लड़के मेरे पीछे पड़ गए थे और मैं उनसे बचकर भाग रही थी कि अचानक मेरे सामने एक गाड़ी आ गयी थी फिर उसके बाद क्या हुआ, मुझे कुछ याद नहीं।"

बोलते बोलते कनक रो पड़ती है।

रोहित उसे दिलासा देते हुए कहता है "आप रोयीए मत, आप एकदम महफ़ूज़ जगह पर है।"

रोहित अपनी बात पूरी करता है कि कनक उससे पूछ बैठती है "क्या मतलब ?"

रोहित कहता है "मेरा मतलब है कि आप दीपिका भाभी के घर पर ही है।"

तभी दीपिका वहाँ आ जाती है और कनक को देख उसे गले लगा लेती है।

दीपिका से तभी रोहित कहता है "भाभी, आप लोग बातें करो मैं अपने कमरे में हूँ, किसी चीज़ की ज़रूरत पड़े तो मुझे कहिएगा। और हाँ, ऋषभ कब तक आएगा ?"

दीपिका कहती है "वह शाम तक आ जाएँगे।"

इतना सुनते रोहित एक नज़र कनक को देखते हुए वहाँ से चला जाता है।

दीपिका फिर कनक को देखती है कि वह रोहित को जाते हुए देख रही है।

दीपिका उससे कहती है "यह रोहित है, मेरा देवर।, ऋषभ और रोहित सगे भाई नहीं है लेकिन सगे से बढ़कर है। और यही है जो तुझे यहाँ घर तक लाया है। जिसका कोट तू अभी तक पहनी है।"

तभी कनक अपने को और कोट को देखती है और रो पड़ती है।

दीपिका उससे कहती है "तेरा देवर नहीं आता तो पता नहीं तू कनक को देख भी पाती की नहीं, मेरी तरफ़ से उन्हें थैंक्स बोल देना।"

दीपिका कहती है "तू ख़ुद ही बोल देना, आज से रोहित हमारे साथ ही रहेगा, चल अब तू फ़्रेश होकर बाहर आ जा, मैंने तेरे लिए सारा तेरा पसंदीदा खाना बनाया है।"

इतना बोलते ही दीपिका कमरे से निकल कर सीधे रोहित के पास जाकर पूछती है कि आख़िर कनक के साथ क्या हुआ ?

रोहित उसे पूरी कहानी सुनाता है। जिसे सुन दीपिका दंग रह जाती है और रोहित का हाथ पकड़ उसे थैंक्स बोलती है "अगर आप सही समय पर नहीं पहुँचते तो पता नहीं मैं कैसे उससे आँख मिलाती, एक वही है जो अभी तक मेरी अपनी है। सब मुझे छोड़ कर चले गए है।"

रोहित तभी कहता है "क्यूँ भाभी ? हम आपके अपने नहीं है। आप कभी फिर मत कहिएगा, की आपका कोई नहीं नहीं है, मैं। ऋषभ, दादा जी, जानकी माँ, सभी आपका परिवार है।"

दीपिका हंसते हुए कहती है "अच्छा बाबा, नहीं कहूँगी। अरे हाँ, मैं तो बताना ही भूल गयी कि कनक ठीक है, और तुम खाने के लिये आ जाओ।"

इतना कहके वह किचन की तरफ़ चली जाती है।

रोहित दीपिका की बात सुन मुस्कुराता है और सोचता है कि एक बार कनक को जाके देख ले।

रोहित कनक के कमरे में जाकर देखता है कि कनक मिरर के सामने खड़ी है और अपने कुर्ते की डोरी बांधने की कोशिश कर रही है जो उससे बंध नहीं रही है। रोहित उसके क़रीब जाता है और उसकी डोरी बांध देता है।

कनक मिरर से उसे देखती है, लेकिन उसे मना नहीं कर पाती है और अपनी आँखे बंद कर लेती है।

डोरी बंध जाती है और कनक पीछे की तरफ़ मुड़ती है तो उसका बैलेन्स खो जाता है वह गिरने लगती है। जैसे ही वह गिरने लगती है रोहित उसे सम्भाल लेता है। सम्भालते वक्त रोहित का हाथ कनक की कमर में और कनक का हाथ रोहित के कंन्धे में रहता है।

रोहित कनक की हरी आँखो में कुछ देर के लिए खो जाता है। दोनों को ही एक अनजाना सा आकर्षण एक दूसरे के लिए महसूस हो रहा था। तभी कनक के दुपट्टे से लग कर पफ़र्यूम की बॉटल गिर जाती है और दोनों का ध्यान एक दूसरे से हट जाता है।

रोहित सॉरी बोल कर वहाँ से चला जाता है और कनक बुत बनकर वहीं खड़ी रहती है। उसे समझ ही नहीं आ रहा था कि उसे रोहित को देख क्या हो गया था ? वह कुछ बोल ही नहीं पायी।

फिर अपने आपको ही पागल बोलती है और कमरे से निकल कर नीचे डायनिंग हाल में आती है तो देखती ही कि दीपिका डाइनिंग टेबल पर खाना लगा रही है।

कनक को नीचे उतरते देख दीपिका उसके पास जाती है और उसे अपने साथ डाइनिंग टेबल तक ले आती है और सबसे परिचय कराती है। दीपिका दादाजी के जैसे ही पैर छूने जाती है दादाजी कहते है "नहीं बेटा, हमारे यहाँ बेटियाँ पैर नहीं छूती है। और आप तो हमारी दीपिका बेटी की सहेली हो तो फिर आप भी तो हमारी बेटीही हुयी न।"

दादाजी की बात सुनकर कनक की आँखे भर आती हैं, लेकिन वह अपने आँसू ओं को छुपाते हुए वहाँ कुर्सी पर बैठ जाती है, कनक की आँखे रोहित को ढूँढ रही थी थी लेकिन उसे रोहित कहीं नज़र नहीं आ रहा।

तभी ऋषभ आ जाता है। ऋषभ को देख दीपिका कहती है" आप तो शाम को आने वाले थे ? जल्दी आ गए ?"

ऋषभ भी मुस्कुराके बोला "हाँ, काम जल्दी हो गया और साली साहिबा भी आयीं है तो उनसे मिलने आ गया।"

ऋषभ कनक की तरफ़ देखते हुए कहता है "कैसी हो कनक ?"

कनक जवाब देती है "मैं ठीक हूँ जीजू।"

ऋषभ कहता है "कनक, इसे अपना ही घर समझो और जब तक तुम्हारा मन चाहे तुम यहीं रहो और यहाँ तुम एकदम सुरक्षित हो, डरने की कोई ज़रूरत नहीं है।"

कनक अपना सिर हाँ में हिलाती है। तभी रोहित सीढ़ियों से नीचे उतरता है और ऋषभको देख बोलता है "ओह जानेमन, तू आज बड़ी जल्दी आ गया ?"

ऋषभ कहता है "अब किसी किसी को तो काम करना पड़ता है और किसी किसी को आराम करना पढ़ता है, भई अपना, अपना नसीब।"

ऋषभ की बात सुन रोहित समझ जाता है की ऋषभ उसकी टांग खींच रहा है, तो रोहित अपना मुँह बनाने लगता है। उसका चेहरा देख सभी हंसने लगते है, रोहित कनक की तरफ़ देखता है कि वो भी उसे देख हंस रही है।

रोहित बस कनक को देखे ही जा रहा था।

ऋषभ फिर दीपिका को कहता है "दीपू ! ज़रा कमरे में आना थोड़ा काम है।"

इतना बोलके ऋषभ अपने कमरे चले जाता है।

कनक दीपिका को छेड़ते हुए कहती है "जाइये मैडम, जीजू को ज़रूरी काम है।"

कनक ने ऐसे अन्दाज़ में कहा कि दादा जी, रोहित, जानकी माँ सब हंसने लगे और दीपिका शर्मा गयी।

दीपिका जानकी माँ से कहती है "जानकी माँ, आप सबको खाना परोसिए, मैं ज़ल्दी से आती हूँ।

कनक कहती है "हाँ हाँ तू जा, मैं और जानकी माँ सब सम्भाल, लेंगे।"

दीपिका कनक को 'हट' बोल भागते हुए अपने कमरे में चली जाती है।

दीपिका अपने कमरे में जाती है और ऋषभ को ढूँढती है। ऋषभ पीछे से आता है और उसे कमर से अपनी ओर खींचता है।

दीपिका थोड़ा चौंक जाती है। ऋषभ दीपिका के गर्दन पर किस करता है। दीपिका बस ऋषभ की बाहों में खोती हुई जा रही थी। ऋषभ के क़रीब आते ही दीपिका अपने होश खो देती थी। ऋषभ भी अपने आपको उसके क़रीब आने से रोक नहीं पाता था।

इन्हें देख ऐसा नहीं लगता था कि कभी यह एक दूसरे से अनजान थे और इनके बीच कॉंट्रैक्ट साइन हुआ था।

इन्हें देख दो जिस्म एक जान ही लगते थे।

दीपिका ऋषभ को हटाते हुए कहती है "चलिए, बहुत हो गया है, खाना खाने चलिए, सब इंतज़ार कर रहे है।"

ऋषभ दीपिका के गालों को पकड़ते हुए कहता है "कल बहुत बड़ा दिन है। मैं चाहता हूँ, तुम वापस अपनी कम्पनी सम्भालो।"

दीपिका हैरान होकर पूछती है "मैं कुछ समझी नहीं रिशु, मेरी कम्पनी मतलब?"

ऋषभ दीपिका के गालों को किस करते हुए कहता है "खाना खाने के बाद बताऊँगा। तुम ओर रोहित दोनों मुझे स्टडी में मिलना। वहीं सारी बातें होंगी।

चलो खाना खाने चले।"

सब लोग बहुत मज़े से दीपिका के हाथ का बना लज़ीज़ खाना खाते है।

खाना खाने के बाद सभी अपने कमरे चले जाते है और इधर ऋषभ, रोहित और दीपिका के साथ स्टडी में जाता है।

रोहित ऋषभ से पूछता है "क्या बात है ऋषभ? क्या चल रहा है तेरे दिमाग़ में ?इतनी अर्जेन्सी में क्यूँ बुलाया है ?"

ऋषभ एक लाल रंग की फ़ाइल दीपिका को देता है और उससे कहता है "मिसेस ओबेरॉय, पहले आप इस फ़ाइल को पढ़िए फिर मैं आपको सब कुछ बताता हूँ।"

दीपिका जैसे ही फ़ाइल खोलती है उसमें रणवीर और आलया की फ़ोटो देख गुस्से से काँप उठ ती है और उसकी आँखे गुस्से से लाल हो जाती है। वह ऋषभ से कहती है "ऋषभ, यह सब क्या है? आपने यह फ़ाइल मुझे क्यूँ दी है? आप सब कुछ जानते है। फिर भी आप मेरे अतीत को मेरे सामने ला रहे है, मुझे इनसे नफ़रत है।"

दीपिका को इतने गुस्से में रोहित ने कभी नहीं देखा था, वह पानी का ग्लास दीपिका को पकड़ाते हुए कहता है "भाभी, आप शांत हो जयिये, लीजिये पानी पीजिए।"

पानी पीने के बाद दीपिका थोड़ा शांत होती है तब ऋषभ उसके पास जाता है और बड़े प्यार से उसे एक कुर्सी पर बैठाता है और उसके सामने घुटनो के बल बैठते हुए उसका हाथ पकड़कर कहता है "देखो दीपू, जो तुम्हारा है उसे तो तुम्हारे पास ही रहना चाहिए। और इन लोगों ने धोखे से तुम्हारी चीज़ तुमसे छीन ली है। परसों हमारी रिसेप्शन पार्टी है, मैं वहाँ तुम्हें मेरी वाइफ़ अनाओंस करूँगा। यह दोनों भी सामने रहेंगे।"

ऋषभ की बात पूरी होती है कि दीपिका पूछ बैठती है "क्या? आपने इन दोनों को भी बुलाया है क्यूँ?"

दीपिका डर से काँप रही थी, तभी रोहित बोल उठता है "भाभी, दरअसल, परसों जो इवेंट होने वाला है वह आपकी कम्पनी अरेंज कर रही है, जिसका नाम बदल कर ए। आर इवेंट कम्पनी कर दिया गया है।"

दीपिका हैरानी से पूछती है "कम्पनी का नाम क्यूँ और कब बदल दिया गया है?"

ऋषभ कहता है "दीपु, तुम्हें डरने की कोई ज़रूरत नहीं है। यह कम्पनी तुम्हारे दादा जी की मेहनत से तैयार हुई कम्पनी है, इस कम्पनी को खड़ा करने के लिए तुमने बहुत मेहनत की थी। यह कम्पनी तुम्हारा और तुम्हारे दादा जी का सपना है जिसे तुम्हें उनसे वापस लेना है।"

दादा जी का नाम सुनते ही दीपिका भावुक हो उठती है और उसकी आँखे भर आती है।

ऋषभ बोलता है "रोने के दिन गए दीपू, बहुत रो लिया, अब रोने की उनकी बारी है जिनके वजह से तुम्हारी आँखो में आँसू है। तुम ध्यान से बस मेरी बात सुनो। तुम मिसेस ओबेरॉय हो, एक शेर की बीवी, शेरनी हो, उन्हें अब तुमसे डर लगेगा।

मैंने उन्हें अपने रिसेप्शन का कॉंट्रैक्ट दिया है और बहुत बड़ी लालच भी दी है जिसके चक्कर में उन्होंने कॉंट्रैक्ट साइन कर दिया है। मैं उनकी कम्पनी को टेकओवर करने वाला हूँ क्यूँकि बाक़ी के ५०% के शेयर हमारे हो चुके है।"

दीपिका बोलती है "रिशु लेकिन वे दोनों अगर वहाँ रहेंगे तो हमें पहचान लेंगे, उन्हें सब पता चल जाएगा।"

ऋषभ उसे बड़े प्यार से बोलता है "उन्हें कुछ भी पता नहीं चलेगा। उनकी बर्बादी के दिन कल से शुरू हो जाएँगे। तुम्हें बस नॉर्मल रहना है, घबराना नहीं है, तुम मिसेस ओबेरॉय हो, तुम्हें किसिसे डरने की ज़रूरत नहीं है। मैं उनसे तुम्हारे एक एक आँसू का बदला लूँगा।"

रोहित तभी बोलता है "भाई, सब तैयारी हो गयी है, ५०% शेयर हमारे नाम हो चुके है, बस हमने जो उन्हें ५० करोड़ का लालच दिया है, वह अगर काम कर जाए तो बात बन जाएगी। रणवीर शायद शेयर हमारे नाम कर दे लेकिन वह आलया जो है वह बड़ी ख़तरनाक है, जो तुम्हें ड्रग्स दे सकती है वह कुछ भी कर सकती है, कल पार्टी में कुछ गड़बड़ ना कर दे।"

दीपिका ने जैसे ही ड्रग्स का नाम सुना तो उसने ऋषभ की तरफ़ देखा और उससे पूछा "क्या? उस दिन आलया ने आपको ड्रग्स दिया था? आपको सब कुछ पता था और अपने मुझे कुछ नहीं बताया।"

इतना कहते ही वह ऋषभ के पास गयी और उसे गले लगा लिया। गले लगते ही वह रोने लगी, रोते रोते उसने ऋषभ से कहा "आप मेरी ज़िंदगी में एक अजनबी बनकर आए थे लेकिन

कब मेरी ज़िंदगी बन गए मुझे पता नहीं चला। लेकिन अगर आपको कुछ हो गया तो मैं ज़िंदा नहीं रह पाऊँगी। मैंने बहुत धोखे खाए है सब मुझे छोड़ कर चले गए है और अब आप मुझे छोड़ देंगे या दूर चले जाएँगे तो मैं सह नहीं पाऊँगी।"

ऋषभ उसे कस के अपने सीने से लगाता है और उसके सिर पर हाथ फेरते हुए कहता है "श श श ... एक दम चुप, अब तुम कुछ नहीं बोलोगी, बस सुनोगी। पहली बात तुम मेरी जान हो, जान के बग़ैर शरीर का कोई वजूद नहीं और छोड़ देने की बात, वो तो तुम छोड़ ही दो अब तो तुम्हें पूरी ज़िंदगी मुझे झेलना पड़ेगा। ऋषभ ने तुम्हारा हाथ छोड़ने के लिए नहीं पकड़ा है। तुम्हारा ऋषभ बहुत सख़्त जान है।"

तभी रोहित कहता है "मैं अभी भी यही हूँ।"

दीपिका रोहित की आवाज़ सुन ऋषभ को छोड़ थोड़ा हट जाती है।

रोहित कहता है "भाभी, एकदम चिंता ना करो, काफ़ी रात हो गयी है, समय का पता ही नहीं चला। अभी आप दोनों जाओ, थोड़ा आराम कर लो कल बहुत बड़ा दिन है, मैं भी अब सोने जा रहा हूँ। गुड नाइट।"

रोहित के चले जाने पर ऋषभ और दीपिका थोड़ी देर के लिए वही स्टडी में खड़े रहते है फिर अचानक से ऋषभ दीपिका को गोद में उठाता है और उसे कमरे तक ले जाता है।

दूसरी तरफ़ दीपिका को बिज़ी देख जानकी माँ ने उनका और रोहित का रात का खाना कमरे तक पहुँचा दिया था।

और वहाँ होटल में रणवीर और आलया भी अपने काम को लेकर बिज़ी थे लेकिन दोनों के काम अलग थे, रणवीर इवेंट को लेकर स्ट्रेस में था और आलया ऋषभ को किस तरह पार्टी में रिझाएगी यह सोच रही थी।

आलया रणवीर से कहती है की उसे पार्टी के लिए शॉपिंग करनी है यो रणवीर उसे अपना कार्ड दे देता है शॉपिंग करने के लिए। आलया रणवीर को साथ जाने के लिए कहती है लेकिन रणवीर मना कर देता है, दरअसल आलया भी नहीं चाहती कि रणवीर उसके साथ जाय, वह अकेले ही शॉपिंग में जाना चाहती थी। आलया मन ही मन बहुतखुश होती है।

आलया रणवीर के कार्ड को अपने बैग में डालती है और बेड में जाकर सो जाती है। रणवीर भी काफ़ी देर रात तक काम कर जब सोने जाता है तब तक आलया सो चुकी होती है। रणवीर भी उसके पास जाकर लेट जाता है और अपनी आँखे बंद कर लेता है।

अगले दिन सुबह ऋषभ और रणवीर की आँखे अपने अपने मक़्सद को लेकर खुलती है। रणवीर और ऋषभ के लिए यह इवेंट बहुत ज़रूरी था। रणवीर के लिए लालच की पहली सीढ़ी और ऋषभ के लिए बदले की सीढ़ी थी।

पार्टी के एक दिन पहले

रोहित और ऋषभ ऑफ़िस जाते वक्त कनक और दीपिका को मॉल में छोड़ देते है। इस मॉल में शहर के बड़े बड़े ब्राण्ड की चीजें, कपड़े, जूते मिलते है। इसी मॉल में ऋषभ की मुंह बोली बहन सोनिया की शॉप भी है। ऋषभ ने उनके साथ एक बॉडीगार्ड को भी भेजा हाय जो उनको सोनिया की शॉप में ले जाता है जहाँ सोनिया उनका इंतज़ार कर रही थी। सोनिया को ऋषभ ने पहले ही बता दिया था कि उसकी वाइफ़ और उसकी दोस्त उसके पास आने वाले है। शादी की बात सुन सोनिया नाराज़ भी हुई थी की शादी हो गयी और उसे पता भी नहीं चला। तब ऋषभ ने सोनिया को बताया की शादी किस हालत में हुई थी, तब जाके सोनिया का गुस्सा शांत हुआ। ऋषभ ने रिसेप्शन पार्टी में सोनिया को इन्वाइट भी कर दिया। ऋषभ ने कनक और दीपिका की तस्वीर सोनिया को भेज दी थी जिससे उन्हें पहचानने में सोनिया को कोई तकलीफ़ ना हो।

ऋषभ ने पहले से ही दीपिका के लिए ड्रेस सलेक्ट कर रखा था। सोनिया ने जब कनक और दीपिका को अपने शॉप की तरफ़ आते देखा तो खुद उन्हें वह आगे जाकर अपने शॉप तक ले आयी।

सोनिया ने दीपिका को देखते ही कहा "भैया को मानना पड़ेगा, लाखों में एक ढूँढ कर लाए है।"

तभी कनक बोल उठी "मैम, यह तो आपने एकदम ठीक कहा है, हमारी दोस्त तो है ही लाखों में एक।"

सोनिया कहती है, मैं मैम नहीं आप दोनों मुझे सोनिया कहकर बुलाएँगे।

दीपिका कहती है "एकदम ठीक। आप भी हमें भाभी नहीं दीपिका बुलाएँगी।

तीनो अपनी ही बातों में हंसने लगते है।

सोनिया फिर दीपिका से कहती है "दीपिका आप ड्रेस ट्राइयल कर लीजिए, भाई ने आपके लिए पसंद कर रखा है। अभी तक यह ड्रेस मार्केट में लॉंच नहीं हुआ है, आपके लिए ऐक्स्क्लूसिव है।

दीपिका ड्रेस पहन कर ट्रायल रूम से बाहर निकलती है, तो सोनिया और कनक के मुंह से वाओ निकल पड़ता है। रेड कलर की ऑफ़ शोल्डर गाउन में दीपिका बहुत सुंदर लग रही थी।

तभी सोनिया कनक को एक गुलाबी रंग का गाउन देती है और कहती है की वह उसे ट्राई करे। लेकिन गाउन का प्राइज़ टैग देखकर कनक कहती है "नहीं सोनिया, यह मैं नहीं ट्राई कर सकती, यह तो बहुत कॉस्ट्ली है। मैं इसे नहीं ले सकती।"

सोनिया कहती है "यह गाउन सेल में नहीं है, यह मेरी फ़ैशन शो की शो स्टापर की ड्रेस है, और मैंने यह सोचा की यह ड्रेस उससे ज़्यादा आप पर जचेंगी। और यह ड्रेस मैं आपको गिफ़्ट के रूप में देना चाहती हूँ।"

दीपिका भी कनक से कहती है "तू इतना मत सोच, जा, जाके ड्रेस ट्राई कर।"

कनक मुस्कुराते हुए ड्रेस को लेकर ट्रायल रूम में चली जाती है और कुछ देर बाद जब कनक वह गुलाबी गाउन पहनकर निकलती है तो सोनिया कहती है "लगता है यह ड्रेस आपके लिए ही बना था, एकदम परी लग रहीं है। और आपका फ़िगर एकदम मॉडल की तरह है। कभी आपने मॉडलिंग के बारे में सोचा है ?"

कनक क्या जवाब देती, उस की तरफ से दीपिका बोल उठी "सोनिया, आपको पता नहीं है, मैं आपको बताती हूँ, कॉलेज के दिनो में कनक से अच्छा कोई मॉडल नहीं था। बचपन से ही यह मॉडल बनना चाहती थी। हमारी कॉलेज की सबसे पॉप्युलर गर्ल थी ये।"

सोनिया कहती है "तो ठीक है मैं कनक का सपना पूरा कर देती हूँ, अगले महीने मेरे न्यू कलेक्शन की लॉंचिंग पार्टी है जिसमें माडल्ज़ मेरे बनाए हुए ड्रेस पहनकर रैम्प वॉक करेंगे, तो कनक आप मेरी शो स्टापर बन जाइये।"

कनक और दीपिका यह सुन बहुत खुश होती है। कनक सोनिया को हाँ बोल देती है।

सोनिया कहती है "चलो अब हम लोग कुछ खा ले उसके बाद ज्वेलरी देखेंगे।

तीनो उसी मॉल में एक अच्छे से कैफ़े में जाते है।

दूसरी तरफ़ आलया भी उसी मॉल में शॉपिंग करने के लिए आती है। काफ़ी ढूँढने के बाद उसे एक ड्रेस मिलती है जो बहुत ही छोटी और सेक्सी थी। काफ़ी एक्स्पेन्सिव भी थी। मॉल में घूमते घूमते आलया को भूख लगती है और वह भी उसी कैफ़े में जाती है जहाँ दीपिका, कनक और सोनिया साथ में थे।

दीपिका ने खाना ऑर्डर किया और वाशरूम चली गयी।

वाशरूम से जैसे ही वो निकली किसी से बहुत ज़ोर से टकरायी। वो शक्स और कोई नहीं बल्कि आलया थी। दीपिका उसे ठीक से देख नहीं पाई थी अत: बोल उठी "आइ ऐम वेरी सारी, आपको लगी तो नहीं ?"

"इडीयट, देख कर नहीं चल सकती, मेरा फ़ोन तोड़ दिया.........।। की तभी वह दीपिका को पहचानते हुए चौंक उठती है ! दीपिका तुम ? तुम यहाँ तक मेरा पीछा करते हुए चली आयी, रणवीर मेरा है, वह तुमसे नहीं, मुझसे प्यार करता है।"

दीपिका का बॉडीगार्ड आने ही वाला था कि दीपिका ने इशारे से उसे वही रोक दिया जिससे आलया को भनक भी ना पड़े कि वो यहाँ क्यों है और उसकी हस्ती क्या है।

दीपिका ने बड़े ध्यान से उसकी बात सुनी, फिर बेहद तीखे अंदाज़ में उसे बोली "हो गयी तुम्हारी बकवास, मुझे क्या और कोई काम नहीं है जो तुम्हारे और तुम्हारे सो कॉल्ड बॉयफ्रेंड के पीछे में यह आऊँगी।"

"तो फिर तुम यहाँ इतने महँगे मॉल में क्या कर रही हो? तुम्हारी तो औक़ात नहीं है यहाँ तक आने की, कहीं कोई अमीर मुर्गा फाँस लिया है क्या, पैसे तो हैं नहीं तुम्हारे पास, अपनी ख़ूबसूरती के जाल में फाँसा है क्या?"

दीपिका बोलती है "सबको क्या तुमने अपनी तरह चीप समझ रखा है? यह फ़साने, धोखा देने जैसी चीप हरकतें तुम्हें ही सूट करती हैं।"

आलया गुस्से से भड़क जाती है और दीपिका को थप्पड़ मारने के लिए अपना हाथ उठाती है कि पीछे से सोनिया आकर उसका हाथ पकड़ लेती है और उसे ही एक ज़ोर का थप्पड़ मारती है।

आलया को पड़ने वाला थप्पड़ इतना ज़ोर से पड़ा कि कुछ देर के लिए उसके कान सुन्न पड़ गए।

वह मुड़ के देखती है की सोनिया, कनक और दीपिका उसे देख रहे हैं। तभी कनक कह उठती है "आलया तेरी इतनी हिम्मत, तूने दीपू का सब कुछ छीन लिया, उसके बाद भी इतना एटीटयूड?"

सोनिया कहती है "जिन पैरों से यहाँ तक आयी हो ना, उन्ही पैरो से वापस चली जाओ, अगर हमारी दीपिका की तरफ़ आँख उठाके भी देखा ना, तो आँखे नोच लूँगी।"

आलया बहुत भड़क जाती है और कहती है "हाँ, हाँ, अभी तो मैं ज़ा रही हूँ जब मैं मिसेस ओबेरॉय बन जाऊँगी ना, तब तुम सबको देख लूँगी, तुम्हारा पूरा बिजनेस बंद करवा दूँगी। अरे तुम्हें कैसे पता होगा, बहुत जल्द मैं बिजनेस टायकून ऋषभ ओबेरॉय की बीवी बनने वाली हूँ। वह मुझे बहुत पसंद करता है।

दीपिका बस आलया की बदतमीज़ी सहन कर रही थी लेकिन जब उसने ऋषभ का नाम आलया के मुंह से सुना तो वह रह नहीं पायी और कुछ बोलने के लिए आगे बढ़ी ही थी कि कनक ने उसका हाथ ज़ोर से पकड़ कर उसे रोक लिया तो दीपिका चुप हो गयी और सोनिया ने दीपिका को कंधे से ज़ोर से पकड़ लिया। दीपिका थोड़ी शांत हुई, अब तो उसे बस पार्टी का इंतज़ार था।

तभी सोनिया बोल उठी "हाँ, हाँ, जाइये होने वाली मिसेज़ ओबेरॉय, आपको तो बहुत तैयारी करनी होगी। जाइये, हमें माफ़ कर दीजिए, जो हम आपसे उलझे।"

सोनिया की बातें सुन दीपिका और कनक हल्का हल्का मुस्कुराते है।

आलया वहाँ से चली जाती हैं, सोनिया कनक और दीपिका को भी घर जाने के लिए कहती है। ड्रेस और ज्वेलरी वगेरह सभी सामान घर डिलिवर हो जाएगा, यह भी उन्हें बता देती है। उनके जाने के बाद सोनिया ऋषभ को फ़ोन लगाती है और उसे कैफे में हुयी पूरी झड़प के बारे में बताती है, जिसे सुन ऋषभ का खून खौल उठता है।

ऋषभ को परेशान देख रोहित उससे पूछता है "क्या बात है? काफ़ी परेशान लग रहे हो? किसका फ़ोन था? भाभी और कनक ठीक है?"

ऋषभ सारी बात रोहित को बताता है, रोहित कहता है "यह आलया बहुत ही ख़तरनाक है, इससे निबटने के लिए हमें जाल बिछाना पड़ेगा, यह आसानी से नहीं फ़सने वाली।"

ऋषभ उसे कहता है "तू पार्टी के सारे अरेंज्मेंट देख ले, मैं मीटिंग खतम कर घर चला जाऊँगा।

रोहित वहाँ से वेन्यू के लिए निकल जाता है। ऋषभ को दीपिका की चिंता थी लेकिन मीटिंग भी ज़रूरी थी।

ऋषभ मीटिंग केलिए निकल पड़ता है।

दूसरी तरफ़ आलया गुस्से से अपने होटल के कमरे में पहुँचती है, पर उसे बार बार दीपिका का चेहरा और अपने गाल पर पड़ा हुआ थप्पड़ याद आ रहा था।

गुस्से के मारे वह टेबल पर रखे फ्लावरपॉट को उठाके फेंक देती है, कमरे की सारी चीज़ें इधर उधर फेकने लगती है। उसके अंदर दीपिका से बदला लेने की भावना बलवती हो उठती है।

कनक और दीपिका ओबेरॉय मेंशन लौट आए थे। कनक दीपिका को उसके कमरे में छोड़ उसे शांत कर अपने कमरे में चली जाती है।

उधर दीपिका फ्रेश होकर अपने कमरे की बाल्कनी में जाकर बैठ जाती है।

ऋषभ भी अपना सारा काम खतम कर घर लौटता है।

ऋषभ कनक को नीचे जानकी माँ के साथ देखता है, उसे दीपिका कही नज़र नहीं आती तो वह कनक से दीपिका के बारे में पूछता है तब कनक उसे बताती है कि दीपिका अपने कमरे में है, वह कुछ देर अकेले रहना चाहती थी।

ऋषभ तेज़ी से अपने कमरे की तरफ़ दौड़ता है, कमरे में जाकर वह अपने कमरे का दरवाज़ा बंद कर लेता है और देखता है की दीपिका बालकनी में बैठकर समुद्र की लहरों को एक टक देख रही है और अपने ही ख़यालों में खोयी हुई है।

ऋषभ उसके क़रीब जाता है उसे पुकारता है लेकिन दीपिका कोई जवाब ही नहीं देती। ऋषभ जब दीपिका को इस तरह गुमसुम देखता है तो उसकी आँखे नम हो जाती है।

ऋषभ उसे हल्के से हिलाता है तो दीपिका का ध्यान टूट ता है और वह अपने सामने ऋषभ को देख हड़बड़ा कर उठती है "अरे! आप कब आये? मुझे पता ही नहीं चला।"

ऋषभ कहता है "थोड़ी देर पहले, जब आप अपने ख़यालों में खोयी हुई थी।

आज तुम्हारे साथ मॉल में क्या हुआ, मुझे पता चला उस वजह से तुम अपसेट हो ना?"

दीपिका कुछ नहीं बोलती बस अपना सिर झुकाकर कुर्सी में बैठ जाती है और उसके आँखो से आंसू निकालने लगते है।

दीपिका के आँखो से जैसे आंसू निकलते है वैसे ही ऋषभ के दिल के हज़ारो टुकड़े हो जाते है। दीपिका की आँखो में आंसू वह एकदम बर्दाश्त नहीं कर सकता था। उसे उस वक्त आलया के ऊपर बहुत गुस्सा आ रहा था।

ऋषभ बड़े प्यार से उसके सिर पर हाथ रखकर कहता है "बेगम, अब आप शांत हो जाइए बस आज की रात और, कल मैं उन्हें ऐसा नजारा दिखाऊँगा कि उनकी सात पुश्तें भी याद रखेंगी। ख़ासकर वो लड़की आलया, उसने मेरा दिमाग़ ख़राब कर रखा है।

दीपिका कुर्सी से उठती है ऋषभ अपनी बाहों को फैला देता है और दीपिका उनमें अपने आपको समा लेती है। दीपिका को ऋषभ की बाहों में बहुत सुकून मिल रहा था, छ देर तक ऋषभ और दीपिका एक दूसरे के बाहों में खोये रहे। फिर थोड़ी देर बाद वह ऋषभ की बाहों से निकल कर उसे देखती है।

तभी अचानक दरवाज़े पर दस्तक होती है, दस्तक सुन दीपिका ऋषभ से अलग हुई। दीपिका ने दरवाज़ा खोला तो देखती है कि दरवाज़े पर दादा जी और कनक खड़े है। कनक के हाथ में एक बड़ी सी थाली है, जो कि लाल रंग के कपड़े से ढकी हुई है।

दादा जी को देख दीपिका उनके पैर छूती है लेकिन दादा जी उसे पैर छूने नहीं देते है "कहा था ना, बिटिया पैर नहीं छूती है।"

दीपिका दादाजी को अंदर लाती है। दादा जी कनक को वह थाली दीपिका को देने के लिए कहते है। कनक वह थाली दीपिका को पकड़ाती है, और दादा जी थाली के ऊपर का कपड़ा हटाते हुए कहते है "बेटी, कल तुम्हारी रिसेप्शन पार्टी है, इसलिए मैंने तुम्हारे और ऋषभ के लिये कल सुबह पूजा रखी है, मैंने यह लाल रंग की बनारसी साड़ी ख़ास तुम्हारे लिए बनवायी है, और कुछ ज्वेलेरी है जो तुम्हारी सास और दादी सास की है, जो उन्होंने ऋषभ की पत्नी के लिए रखी थी और मेरे पास तुम्हारी अमानत थी, आज मैं तुम्हें यह देता हूँ। कल सुबह तुम यही पहनकर पूजा में बैठना।

दीपिका दादा जी का बात सुन कर फुट फुट कर रोने लगी। उसे रोता देख दादा जी बोलते है "अरे, अरे, रो क्यूँ रही है? कोई ज़बरदस्ती नहीं है, अगर तुम नहीं पहनना चाहती तो कोई प्रॉब्लम नहीं है, थोड़ी ओल्ड फैशन है। बच्चे, मुझे तो बस तेरी ख़ुशी चाहिए।"

दीपिका थाल को टेबल पर रख देती है और दादा जी का हाथ पकड़ते हुए कहती है "नहीं दादा जी, आपकी बात सुन मुझे मेरी दादू की याद आ गई, वह भी मुझ से इतने ही प्यार से बात करते थे।"

दादा जी कहते है "बस इतनी सी बात है, तो आज से तू मुझे अपना दादू ही समझ, आज से तू मुझे दादू ही बुलाएगी, अब तो खुश।"

दीपिका दादा जी की बात सुन भावुक हो जाती है और जाकर उनके गले लग जाती है।

दादा जी और दीपिका को देख वहाँ खड़े ऋषभ और कनक की आँखे भी नम हो जाती है।

दादा जी दीपिका को आशीर्वाद देते है और ऋषभ की तरफ़ देख मुस्कुराते हुए कहते है "ज़िंदगी में तूने बहुत सारे काम किए है कुछ मुझे पसंद है, कुछ नहीं, मैंने कभी भी तेरे काम में दखल नहीं दिया है, लेकिन तूने मुझे बिना बताए जो इस बच्ची से शादी की है। यह काम तेरी हर बदमाशी को माफ करता है। क्यूँकि मैं तेरे लिए इससे अच्छी बहू नहीं ढूँढ सकता था। अवश्य ही तूने कुछ अच्छे कर्म किए है जो भगवान ने तुझे इतना प्यारा तोहफ़ा दिया है, इसे बहुत सम्भाल कर रखना। थोड़ी सी भी खरोंच नहीं आना चाहिए इसे।"

ऋषभ अपना सिर हिलाते हुए कहता है "जी, दादू, आप फ़िकर ना करें, आपकी बहु पर कोई आँच नहीं आने दूँगा।"

तभी जानकी माँ आ जाती है और दादा जी को कहती है "चलिए बाबूजी आपके दवाई का टाइम हो गया है, थोड़ा आराम भी कर लीजिए।"

दादा जी दीपिका और ऋषभ के सिर पर प्यार से हाथ फेरते है और जानकी के साथ चले जाते है।

दादा जी के जाने के बाद ऋषभ भी फ्रेश होने वाशरूम में चला जाता है। अब कमरे में कनक और दीपिका रह जाते है, तब कनक दीपिका को छेड़ते हुए कहती है "क्या बात है? इतनी लाल क्यूँ हो रही हो? जीजू ने कुछ किया क्या?"

कनक की बात सुन दीपिका शर्मा जाती है लेकिन एक सेकंड बाद ही कनक को मारने दौड़ती है "तू आ, मेरे पास, मैं बताती हूँ, क्या किया?, बदमाश, तू रुक ज़रा।"

दीपिका को आते देख कनक भागती है और दीपिका उसके पीछे पीछे, सारे घर में उनकी हंसी गूंज रही थी। दादा जी अपने कमरे से उनकी आवाज़ सुनते हुए जानकी से कहते है "कितने सालो बाद इस घर में हंसी और खिलखिलाहट की आवाज़ सुनायी दे रही है। भगवान इन बच्चों को बुरी नज़र से बचाये रखे।"

तभी जानकी कहती है" ऋषभ बाबा की ज़िंदगी में जिस तरह रोहित इम्पोर्टेंट है हर वक्त ऋषभ का साया बने रहता है, वैसे ही यह कनक बिटिया लगती है। अगर हमारे रोहित को कनक जैसी एक जीवन साथी मिल जाये तो उसकी सूनी ज़िंदगी भी खुशहाल हो जाएगी। वह किसी से कहता नहीं लेकिन आज भी वह हादसा उसे सोने नहीं देता। दुनिया को बस उसका मुस्कुराता हुआ चेहरा दिखता है, लेकिन उसके अंदर का दर्द किसी को नहीं दीखता।पता नहीं कौन उसे मिटायेगा। किसी से उस बारे में बात भी नहीं करता है।"

तभी दादा जी कहते है "जानकी तू चिंता ना कर, हर किसी को किसी ना किसी के लिए कुदरत ने भेजा है। जिसने इतने दर्द दिये वही उसका मलहम भी देगा। उसकी ज़िंदगी में कोई ना कोई आयेगा, क्या पता शायद आ गया हो, बस अहसास करने की देर है।"

तभी ज़ोर से कनक की आवाज़ आती है।

दादा जी और जानकी कमरे से निकल कर देखते है कि कनक को रोहित ने अपने बाहों में पकड़ कर रखा है। और वह दोनों एक दूसरे की आँखो को देख रहे है।

उन्हें देख दादा जी और जानकी एक दूसरे को देख मुस्कुराते है और मंदिर में रखे कान्हा को प्रणाम करते हुए कहते है "तेरी लीला अपरंपार, प्रभू।"

दादा जी को जानकी उनके कमरे में ले जाकर दवाई खिलाकर सुला देती है।

और इधर कनक को गिरता देख दीपिका दौड़ते हुए आती है और उसे पकड़ती है। रोहित कनक को सम्भालते हुए उसे खड़ा करता है और उससे पूछता है "आप ठीक हो? कहीं लगी तो नहीं?"

कनक सिर झुकाते हुए बोलती है "जी, मैं ठीक हूँ, वो मेरा पैर मुड़ गया था, सॉरी।"

दीपिका बोलती है, "पागल, सॉरी क्यूँ बोल रही है, चल, कमरे में, मैं मूव लगा देती हूँ।"

लेकिन कनक उसके साथ नहीं जा रही थी क्यूँकि रोहित ने उसका हाथ पकड़ कर रखा था।

दीपिका दोनों को देखती है फिर मुस्कुराते हुए रोहित से कहती है "रोहित, अगर आप कनक को नहीं छोड़ेंगे तो वो कैसे जाएगी।?"

रोहित दीपिका की बात सुन कनक का हाथ छोड़ सॉरी भाभी बोल अपने कमरे में दौड़ते हुए जाता है और पीछे मुड़ कर देखता भी नहीं।

दीपिका कनक को लेकर कमरे में चली जाती है।

इधर रोहित कमरे में जाकर अपने कमरे का दरवाज़ा बंद कर लेता है। अपना बैग बेड पर पटकता है और मिरर के सामने खड़ा होकर कहने लगता है "शिट, भाभी क्या सोच रही होंगी? पता नहीं, जब भी मैं उन हरी आँखो को देखता हूँ, वह मुझे अपनी तरफ़ खींचने लगती है। क्या हुआ है मुझे? मैं भाभी के सामने कैसे जाऊँगा? वो आँखे मेरे दिमाग़ से नहीं निकलती, कुछ करना पड़ेगा, लेकिन करूँ तो करूँ क्या?"

कहते कहते उसकी नज़र अपने अलमारी की तरफ़ जाती है। वह अलमारी के पास जाकर उसमें से एक तस्वीर निकालता है और उस पर हाथ फेरते हुए कहता है "यह सब तुम्हारी वजह से हुआ है, तुमने जिस तरह मेरे दिल को तोड़ा है कि अब उसमें किसी के लिए कोई जगह नहीं है, मैं चाहकर भी तुम्हारे धोखे को नहीं भूल सकता। प्यार शब्द से मुझे नफ़रत है, ख़ैर प्यार तो मैंने किया था, तुमने तो मुझे इस्तमाल किया था। तुम कभी भी मेरे सामने मत आना, क्यूँकि मैं अपने आपको क़ाबू में नहीं रख पाऊँगा। मैं तुम्हें जान से मार डालूँगा। तुम्हारे लिए मेरे दिल में इतनी नफ़रत है की अब उसमें प्यार की कोई जगह नहीं है। तुम्हारी वजह से अब मैं किसी पर भरोसा भी नहीं कर सकता। तुमने ज़िंदादिल रोहित को मार डाला है। यह तो बस एक ज़िंदा लाश है जिसमे कोई इमोशन नहीं है। अनु, मैंने तुम्हारी सारी यादें जला दी सिवाय इस तस्वीर के जो मेरी नफ़रत को आग देता है और उसे जिंदा रखता है।"

फिर रोहित वापस अनु की तस्वीर को अलमारी में रख देता है।

अनु, रोहित की गर्ल फ्रेंड थी जिसने पैसों के लिए रोहित को यूज़ किया और जब उसे पता चला कि रोहित के पास साइनिंग अथॉरिटी नहीं है और वह ऋषभ से पूछे बग़ैर कुछ नहीं करता है तो उसने उसे छोड़ दिया और एक दूसरे अमीर बंदे को अपने जाल में फंसा लिया, रोहित यह सहन नहीं कर पाया और डिप्रेशन में चला गया। जहाँ से अपने प्यार, मोहब्बत और देखभाल के दम पर ऋषभ उसे वापस निकलता है।अब वह डिप्रेशन से तो बाहर था किन्तु फिर भी दिल के ज़ख्म भरे नहीं थे /

तभी से रोहित ने अपनी पूरी ज़िंदगी ऋषभ के नाम कर दी। वह उसके लिए अपनी जान तक दे सकता है।

रोहित ने ठंडा शावर लिया और डिनर के लिए नीचे गया। वहाँ सभी डायनिंग टेबल पर मौजूद थे, कनक और रोहित एक दूसरे से नज़र चुरा रहे थे, दीपिका कुछ कुछ समझ तो रही थी लेकिन उसने अनदेखा कर दिया।

डिनर करने के बाद दादा जी ने सबसे कहा "आज सब जल्दी सो जाएँगे, ख़ास कर ऋषभ देर रात तक कोई कम नहीं, कल पूजा है सभी सुबह टाइम से पंडित जी के आने से पहले तैयार हो कर आ जाएँ।"

सब लोग हाँ में सिर हिलाते है। दादा जी ख़ास कर दीपिका और कनक से कहते है "बच्चो, कल पूजा का इंतजाम आप दोनों देख लोगे न?"

दीपिका और कनक एक साथ दादा जी के पास जाते है, फिर दीपिका उनसे कहती है "दादू, आप चिंता ना करे, आप जैसा चाहते है वैसा ही होगा। अब आप जाके सो जाइए। सब इंतज़ाम मैं और कनक देख लेंगे।"

दादा जी उनके सिर पर बड़े स्नेह से हाथ रखते है और जानकी माँ उन्हें उनके कमरे तक ले जाती है।

सभी अपने कमरे चले जाते है, लेकिन दो लोगो को नींद नहीं आ रही थी, वे दो लोग और कोई नहीं हमारे रोहित और कनक थे। कनक और रोहित का एक जैसा हाल था। आँखे बंद करते तो उन्हें एक दूसरे का चेहरा नज़र आ रहा था। यूहीं करवट बदलते बदलते कब रात कट गई पता ही नहीं चला।

आख़िर कर वह दिन आ ही गया जिस दिन का सबको बेसब्री से इंतज़ार था।

सुबह सुबह उठकर कनक और दीपिका पूजा की सारी तैयारी करते है। घर को और मंदिर को फूलो से सजाया गया था। रोहित सारे अरेंजमेंट्स ख़ुद एक एक कर चेक कर रहा था, रणवीर को फ़ोन कर सारे अप्डेट्स ले रहा था। उधर ऋषभ सोफ़े पर बैठकर लैपटॉप लेकर कुछ काम कर रहा था कभी कभी तिरछी नज़रों से दीपिका को भी देखता जा रहा था। और जब दीपिका की नज़र उससे टकराती तो वह उसे आँख मार देता और दीपिका हड़बड़ा जाती। उसे इस तरह देख ऋषभ हंसने लगता और कनक और रोहित उनकी यह हरकत देख लेते है, फिर जब उनकी

नज़रे आपस में मिलती है तो बस फिर क्या था ? बस नज़रे अटक जाती। तभी अचानक दादा जी की आवाज़ से सबका ध्यान उनकी तरफ़ जाता है। अचानक से एक बच्ची नानू नानू कहकर दादा जी से लिपट जाती है।

बच्ची को देख कनक पूछ बैठती है "कितनी प्यारी बच्ची है, दादू, यह किसकी बच्ची है ? जो आपको नानू कह रही है।"

तभी पीछे से आवाज़ आती है "मेरी बच्ची है।"

कनक और दीपिका पीछे मुड़ कर देखते है, तो वहाँ और कोई नहीं बल्कि सोनिया कड़ी हुयी थी।

सोनिया को देख दोनों चिल्ला उठते है" अरे ! सोनिया आप ?"

सोनिया कहती है "क्यूँ चौंक गए ? भाई की शादी का रिसेप्शन और बहन ना आये।"

दीपिका कहती है "आपने उस दिन नहीं बताया कि आप ऋषभ की बहन है।"

सोनिया कहती है "मैंने जानबूझ कर नहीं बताया था, क्यूँकि अगर मैं आपको बता देती कि मैं ऋषभ की बहन हूँ, तो आप कांशस हो जाती और मुझसे इतनी फ़्रीली नहीं मिलती, देखो अभी कितनी कोंशस हो रही हो। कोई फ़ॉर्मलिटी नहीं हम दोस्त है और कनक जैसे आपकी दोस्त वैसे ही मैं भी आपकी दोस्त। ठीक है।"

कनक दीपिका के कंधे पर हाथ रख कर बोलती है "बिल्कुल ठीक सोनिया, आज से हमारी एक और प्यारी दोस्त सोनिया, , ।"

सभी कनक की बात सुन हंसने लगते है।

सोनिया ऋषभ से गले मिलती है, रोहित से मिलती है।

तभी पंडित जी कहते है कि "जजमान, पूजा का समय हो गया है, सबको बुलाइए।"

दादा जी सबको पूजा में आने के लिए कहते है। ऋषभ और दीपिका पूजा करने बैठते है, कनक और रोहित उनके पीछे बैठते है। सोनिया अपनी बच्ची को गोदी में बैठाती है। क़रीब दो घंटे तक पूजा हुई। सबने पंडित जी का आशीर्वाद लिया दीपिका और कनक ने सबको प्रसाद देना शुरू किया।। दादा जी ने पंडित जी को दक्षिणा दी और उन्हें काफ़ी समान दान में दिया। पंडित जी सबको आशीर्वाद देकर वहाँ से चले जाते है।

दादा जी बहुत खुश थे, वह काफ़ी थक गए थे इसलिए वह अपने कमरे में चले जाते है।

सोनिया ने शहर की सबसे अच्छी ब्यूटीशन को बुलाया था, जो कनक, दीपिका और सोनिया को पार्टी के लिए तैयार करने वाली थी।। दीपिका सोनिया को अपने कमरे में ले जाती है और सोनिया अपनी बेटी लिली को टॉयरूम में छोड़ आती है जो ख़ास ऋषभ ने लिली के लिए बनाया था, जानकी माँ लिली का ख्याल रख रही थी।

कनक भी दीपिका के कमरे में थी। और दूसरी तरफ़ रोहित और ऋषभ स्टडी में थे, वह पार्टी को लेकर डिस्कस कर रहे थे, तभी रोहित कह उठता है "आलया वैसा ही करे जैसा की हमने सोचा है।"

ऋषभ ने पार्टी की सारी तैयारी कर ली थी। ऋषभ की तरफ़ से सारे अरेंजमेंट्स हो गये थे।

ऋषभ की रिसेप्शन पार्टी मुंबई के सबसे महंगे होटल ग्रैंड हयात में रखी गई थी।

सारे मेहमान धीरे धीरे आने लगे थे। रणवीर और आलया सभी मेहमानों का वेलकम कर रहे थे, आलया को अपने ख़ास मेहमान का बेसब्री से इंतज़ार था।

ऋषभ और रोहित पार्टी में आते है, वहाँ पर आये सभी की नज़र ऋषभ की तरफ़ जाती है। सारी लड़कियाँ तो ऋषभ को देखते ही आहें भरनी लगती हैं।

उनके पीछे पीछे सोनिया दादा जी को लेकर आती है, और दादा जी की उँगली पकड़कर लिली आती है जो वाइट फ़्रॉक में छोटी सी परी लग रही थी।

दीपिका की फ़ैमिली को भी ऋषभ ने पार्टी में बुलाया था, दीपिका के मामा, मामी और भाई आकाश भी आये थे। मामी की आँखे तो तामझाम देखकर फटी की फटी रह गई थी। रोहित ने जानकी माँ के साथ दीपिका की मामी का परिचय कराया तो जानकी और मामी आपस में बात करने लगे। मामी अब सुधर गई थी क्यूँकि ऋषभ ने उनके लिये कोई ऑप्शन नहीं छोड़ा था।

पार्टी ज़ोर शोर से शुरू हुई, तभी पार्टी शुरू होने के थोड़ी देर बाद रोहित स्टेज पर पहुँच कर माइक हाथ में ले लेता है और सारे मेहमानों का ध्यान अपनी तरफ़ करता है "हेलो, एवरीवन, वेलकम टू द पार्टी, आप सभी को धन्यवाद जो आप सभी मेरे भाई ऋषभ की ख़ुशी में शामिल होने आये है। आज का दिन मेरे भाई के लिए बहुत स्पेशल है, और क्यूँ स्पेशल है वो हमारे दादा जी मिस्टर रणविजय ओबरॉय बताएँगे।

दादा जी को जानकी माँ स्टेज तक ले जाती है, रोहित दादा जी को माइक देता है। दादा जी एनाउन्स करते है "मैं आज बहुत खुश हूँ कि आप सभी मेरे पोते की ख़ुशी में शामिल होने आये हैं। मैं आज रिटायर हो रहा हूँ और अपनी कंपनी का सारा भार ऋषभ को सौंप रहा हूँ, हमारी जो राजस्थान की कंपनी है उसमें ७०% का पार्टनर मैं रोहित को बना रहा हूँ। वह कंपनी इन दोनों ने मिलकर शुरू करी थी और इस कंपनी को उचाई तक ले जाने का श्रेय रोहित को ही जाता है।"

सभी दादा जी की बात सुनकर तालियाँ बजाने लगते है और रोहित ऋषभ के पास जाकर कहता है "दादा जी ने इतना बड़ा फ़ैसला मुझसे पूछे बग़ैर कर लिया।"

ऋषभ कहता है "दादा जी ने ठीक ही किया है, अब उनकी उम्र हो गई है, उन्हें आराम करना चाहिए। और तूने बहुत मेहनत की है इस को ऊपर तक लाने के लिए, तूने तीन और ब्रांचेज खोली है, तो तू इस जगह का हक़दार है।"

दादा जी फिर बोलते है "अब आगे की खुश खबरी ऋषभ आप सबको देगा।"

इतना बोलते ही वह माइक ऋषभ को दे देते है।

ऋषभ स्टेज में खड़े होकर बोलता है "हेलो एवरीवन, थैंक्स फॉर कमिंग, मैं आज आप सबको दो ख़ुशख़बरी सुनाने वाला हूँ। पहली यह है कि मैं अपनी कंपनी का सेकंड ब्रांच मुंबई में ही खोलने वाला हूँ जो कि मेरी वाइफ़ हैंडल करेगी।"

वाइफ़ की बात सुन सब चौंक गए सारी लड़कियाँ जो ऋषभ को रिझाने के लिए वहाँ आयी थी उनके सारे अरमान टूट गए ख़ासकर आलया के जो ऋषभ से शादी करने का सोच रही थी। वह सोच ही में थी कि ऋषभ की आवाज़ ने उसका ध्यान तोड़ दिया।

ऋषभ ज़ोर से चिल्लाते हुए कहता है "प्लीज़ वेलकम माई वन एंड ओनली वाइफ़ मिसेस ऋषभ ओबरॉय।"

स्पॉट लाइट जैसे ही सीढ़ियों से उतरती दीपिका पर पड़ती है, सबकी नज़र उस पर ठहर जाती है। दीपिका रेड गाउन में थी, माँग में सिंदूर, गले में मंगलसूत्र और हाथ में चूड़ा पहने बहुत ही सुंदर लग रही थी। साथ में कनक भी थी जो गुलाबी गाउन में थी। रोहित ने देखा कि उसका सूट और कनक का गाउन सेम कलर का था। ऋषभ अपनी दीपिका को और रोहित अपनी हरी आँखो वाली कनक को देख जा रहा था।

दीपिका को देख आलया की आँखे खुली की खुली रह गई। रणवीर ने भी दीपिका को जब देखा तो वो भी घबरा गया। आलया ने पार्टी में सोनिया, कनक सभी को देखा तो उसे सुबह की वारदात याद आ गई उसे अब दीपिका से डर लगने लगा था, वह सोच रही थी कि कही दीपिका ने ऋषभ को उसकी सुबह की हरकत के बारे में बता दिया होगा तो ?

तभी ऋषभ अपनी वाइफ़ का हाथ पकड़कर स्टेज पर लाता है और उसे सबसे इंट्रोड्यूस करवाता है।

आलया को और रणवीर को लग रहा था कि शायद दीपिका ने उनके बारे में ऋषभ को नहीं बताया होगा इसलिए तो ऋषभ ने इतना बड़ा कॉंट्रैक्ट उन्हें दिया है। इसलिए वे दोनों बेफिक्र होकर पार्टी एन्जॉय कर रहे थे।

दीपिका अचानक से रणवीर को अपने पास आते हुए देखती है तो वो घबराके पीछे हटने लगती है तभी ऋषभ कस के उसका हाथ पकड़ लेता है, मानो वो बोलना चाह रहा है कि वो उसके साथ है, उसे डरने की ज़रूरत नहीं है।

दूसरी तरफ़ अचानक सोनिया की नज़र आलया पर पड़ती है, वह उसके पास जाती है और मुस्कुराते हुए कहती है "आलया मैडम बड़ी गलती कर दी यहाँ आके और सबसे बड़ी गलती तो तुमसे सुबह हो गई जो तुम मुझसे टकरायी और तुमने जो बुरा भला दीपिका भाभी को कहा।

सोचो अगर मैं यह सब ऋषभ भाई को बोल दूं तो वे तुम्हारा क्या हश्र करेंगे तुमको शायद इसका अंदाज़ा भी नहीं है।"

सोनिया की बात सुन कर आलया थोड़ा डर जाती है।

सोनिया आलया को देख एक मुस्कान देती है और उसके कान पर बुदबुदाती है "चलो नहीं बताती ऋषभ भाई को, तुम भी क्या याद रखोगी, लेकिन अगली बार मुझसे और भाभी से पंगा लेने से पहले दस बार सोचना।"

सोनिया वहाँ से चली जाती है। सोनिया के जाने के बाद आलया पैर पटकती रह गई और गुस्से से लाल हो गई। उसके अंदर बदले की भावना जाग उठी।

आलया दीपिका की तरफ़ देखे जा रही थी, ऋषभ उसे सभी गेस्ट्स से मिलवा रहा था। तभी आलया ने देखा कि ऋषभ के गेस्ट में कुछ ऐसे भी थे जो ऋषभ की उन्नति से जलते थे, उनमें से एक थे मिस्टर व्यास जिसकी नज़र दीपिका को ऊपर से नीचे तक भूखे भेड़िये की तरह देख रही थी। मिस्टर व्यास को देखकर आलया के दिमाग़ में एक ख़तरनाक प्लान ने जन्म लिया।

आलया ने एक वेटर को बुलाकर के एक ड्रिंग देते हुए कहा की यह ड्रिंक जाके दीपिका मैडम को दे दे क्यूँकि वह बहुत थक गई है।

आलया के कहे अनुसार वेटर ड्रग्स मिले हुए ड्रिंक को दीपिका को दे देता है।

ऋषभ दूसरे गेस्ट की तरफ़ बिजी था इसलिए उसका ध्यान दीपिका की तरफ़ नहीं गया। दीपिका का गला सूख रहा था तो उसने ड्रिंक पूरी पी ली। कुछ देर बाद ऋषभ का ध्यान दीपिका की तरफ़ जाता है तो वह देखता है की दीपिका अपना सिर पकड़े हुए है। ऋषभ को कुछ ठीक नहीं लगता है तो वह दीपिका के पास जाता है और उससे पूछता है "क्या हुआ बेबी, तुम ठीक तो हो ?"

दीपिका कहती है "मैं थोड़ा थक गई हूँ, मेरा सिर भारी हो रहा है।"

दीपिका की बात सुन ऋषभ परेशान हो जाता है और वह उसे कहता है "क्या मैं तुम्हें घर छोड़ दूं ?" दीपिका उसे मना करती है, दीपिका की ज़िद के आगे ऋषभ की नहीं चलती तो वह कनक को बुलाता है और उसे कहता है कि वो दीपिका के साथ ही रहे, उसे अकेला ना छोड़े। कनक दीपिका को सोफ़े पर बैठाती है और ख़ुद भी उसके पास बैठ जाती है।

आलया यह सब दूर से देख रही थी। उसका प्लान बिगड़ता हुआ नज़र आ रहा था, वह किसी तरह कनक को दीपिका के पास से हटाना चाहती थी, क्यूँकि दीपिका का नशा धीरे धीरे बढ़ने वाला था।

आलया ने इधर उधर देखा तो उसे लिली नज़र आयी जो अपनी डॉल से खेल रही थी। आलया उसके पास जाकर बहुत ज़ोर से चुटकी काटती है जिससे कि वो दर्द के कारण ज़ोर से रो पड़ती

है। लिली का रोना सुनकर कनक उसके पास गई और उसे चुप कराने लगी तभी सोनिया भी वहाँ आ गई।

आलया ने मौक़े का फ़ायदा उठाया और दीपिका को एक वेटर की मदद लेकर वहाँ से उठाया और होटल के रूम नंबर ३०० में ले गई।

और ख़ुद जाकर मिस्टर व्यास को बोलती है कि उनके लिए रूम नंबर ३०० में तोहफ़ा रखा हुआ है।

मिस्टर व्यास एक ख़तरनाक हंसी देते हुए कमरा नंबर ३०० में जाने के लिए निकलते हैं।

दूसरी तरफ़ सोनिया लिली को चुप कराती है और देखती है की लिली के हाथ में चोट का निशान बन जाता है। सोनिया हमेशा पर्स में फर्स्ट ऐड का समान रखती थी। सोनिया ने पर्स से एक लोशन निकाला और लिली के हाथ में लगा दिया, लिली शांत हो गई तभी कनक को दीपिका की याद आयी और उसने देखा की दीपिका अपनी जगह पर नहीं है। कनक बहुत डर गई, और वह इधर उधर दीपिका को ढूँढने लगी, वह बहुत डर गई थी, वह ऋषभ को भी बताने से डर रही थी।

रोहित की नज़र अचानक कनक पर पड़ती है, वह उसे बहुत परेशान लग रही थी। रोहित उसके पास जाता है और पूछता है तो कनक रोहित को सब सच सच बता देती है, कनक की बात सुन रोहित का चेहरा गुस्से से लाल हो जाता है।

रोहित ऋषभ के पास जाता है और उससे कहता है कि "भाभी कहीं नज़र नहीं आ रही है।"

ऋषभ ने जब यह सुना तो उसने हॉल के सारे दरवाज़े बंद करवा दिये और सीसीटीवी केमरे में जाकर देखने लगा तो उसे दिखा कि दीपिका को कोई औरत और वेटर कमरा नंबर ३०० में ले जा रहे हैं। औरत ने मास्क पहना था और शॉल ओढा हुआ था इसलिए पहचान में नहीं आ रही थी।

ऋषभ और रोहित दौड़ते हुए कमरा नंबर ३०० में जाते है और धक्का देकर दरवाज़ा तोड़ते है और देखते है कि मिस्टर व्यास दीपिका का ड्रेस उतारने के लिए हाथ बड़ा रहा था।

ऋषभ उसे गर्दन से पकड़कर पीछे से खींचता है और उसके जबड़े में इतने ज़ोर से घूसा मारता है की उसकी सारे दांत टूट कर बाहर निकल पड़ते है।

रोहित ने पहली बार ऋषभ को इतने गुस्से में देखा था। ऋषभ पागलों की तरह मिस्टर व्यास को मारता ही जा रहा था, तभी पुलिस आ जाती है और मिस्टर व्यास को पकड़ कर ले जाती है।

दीपिका वहीं बैड पर बेसुध होकर पड़ी हुई थी। रणवीर और आलया भी वहाँ आ गए थे। ऋषभ दीपिका को गोद में उठाता है और बाहर निकलने वाला होता है कि रणवीर उसके सामने आ जाता है। रणवीर को देखते ही ऋषभ उसे कहता है "मैंने कहा था कोई गड़बड़ नहीं होना चाहिए, मिस्टर रणवीर, कल आप मुझसे मेरे ऑफिस में मिलिए।"

रणवीर ने ऋषभ के गुस्से को पहली बार देखा था, इसलिए वह बहुत डर गया था। उधर आलया भी बहुत डर गई थी, वह सोच रही थी कि अगर ऋषभ को पता चल गया कि यह सब उसने किया है तो वह उसे जान से मार देगा।

ऋषभ दीपिका को लेकर घर की तरफ़ निकल जाता है, पार्टी में कई मीडिया कंपनी भी आयी हुयी थी जिससे पता चल गया की ऋषभ की पत्नी के साथ मिस्टर व्यास ने ज़बरदस्ती करने की कोशिश की है।

रोहित ऋषभ के पीछे पूरी पार्टी को सम्भालता है जिसमें उसका साथ कनक और सोनिया देते हैं।

जब सभी गेस्ट चले जाते है तो रोहित, कनक और सोनिया को लेकर घर जाता है। घर पहुचते ही कनक दौड़कर दीपिका के कमरे तरफ़ जाती है, और देखती है कि डॉक्टर उसको चेक कर रही है, नर्स उसे उल्टी करवा रही है। दादा जी और जानकी माँ बाहर सोफ़े पर बैठे हुए है। घर के सारे स्टाफ मेंबर परेशान है। ऋषभ कमरे के बाहर इधर उधर चहलक़दमी कर रहा है। रोहित जाकर ऋषभ को शांत करने की कोशिश करता है।

कनक धीरे से ऋषभ के पास जाकर कहती है "जीजू, आई एम वेरी सॉरी, यह सब मेरी वजह से हुआ है, अगर मैं दीपिका के पास से नहीं हटती तो यह सब उसके साथ नहीं होता। लिली को चुप कराने गई थी और इतने में ही दीपू के साथ क्या हो गया।" इतना बोलते ही कनक रोने लगती है।

कनक को रोते देख ऋषभ बड़े प्यार से उसे पानी देते हुए कहता है "नहीं कनक तुम्हारी वजह से कुछ नहीं हुआ है, तुमको दीपू के पास से हटाने के लिए ही लिली को दर्द दिया गया था। मुझसे बदला लेने के लिए किसी ने दीपिका को दर्द देने की कोशिश की है। मुझे अब दीपिका का ख़ास ध्यान रखना पड़ेगा, क्यूँकि दीपिका अब सबके सामने मिसेस ओबरॉय की तरह आ गई है।"

दादा जी तभी एक गंभीर आवाज़ से कहते है "बरखुदार, मुझे यह आदमी बर्बाद चाहिए जिसने मेरी बेटी के साथ यह जुरत करने कि कोशिश की है।"

दादा जी बहुत गुस्से में थे, गुस्से से उनके हाथ काँप रहे थे।

ऋषभ दादा जी का हाथ पकड़ते हुए कहता है "दादू आप चिंता ना करे, आपकी बहू की यह हालत करने वाला बचेगा नहीं, आप निश्चिंत रहिए। आपका पोता तब तक चैन से नहीं बैठेगा जब तक उस इंसान को उस के किये की सज़ा ना मिल जाये।"

ऋषभ जानकी माँ से कहता है "जानकी माँ, आप दादू को उनके कमरे में ले जाइए, काफ़ी रात हो गई है।"

जानकी माँ, दादा जी को लेकर चली जाती है।

डॉक्टर कमरे से निकलती है और ऋषभ से कहती है "मिसेस ओबरॉय को ड्रग्स का हाई डोज़ दिया गया था। उनको आदत नहीं है इसलिए वह हैंडल नहीं कर पायी। मैंने उनके स्टामक को फ्लश कर दिया है, और नींद का इंजेक्शन दिया है, कल सुबह तक वह ठीक हो जायेंगी, अगर ज़रूरत पड़े तो आप मुझे कॉल कीजिएगा।"

डॉक्टर की बात सुन ऋषभ चैन की साँस लेता है, रोहित डॉक्टर को बाहर तक छोड़ आता है।

ऋषभ दीपिका के पास जाकर बैठता है जो एक बच्ची की तरह सो रही थी। ऋषभ दीपिका के क़रीब जाकर उसके माथे पर किस करता है और उसका हाथ पकड़ कर कहता है "दीपू, तुम्हें शायद नहीं पता, कि तुम मेरे लिए क्या हो, तुम्हारे बग़ैर मैं जी नहीं पाऊँगा। ऋषभ सब कुछ सह सकता है लेकिन दीपिका का दर्द नहीं सह सकता। मैं तुमको शादी कर ज़बरदस्ती अपने साथ ले आया था लेकिन तुमने कभी भी मेरा बुरा नहीं चाहा, मेरे परिवार को प्यार दिया, मेरी ज़िंदगी को अपने प्यार से संवार दिया। अगर तुम्हें किसी ने भी तकलीफ़ देने की कोशिश की मैं उसे जान से मार दूँगा।"

तभी किसी के आने की आहट से ऋषभ का ध्यान भटकता है। वह पीछे मुड़कर देखता है, कनक और सोनिया थे।

ऋषभ उनसे कहता है "आज रात बहुत कुछ हो गया है, तुम लोग भी थक गये होंगे जाओ जाकर आराम करो, कल सुबह बातें होंगी।

कनक और सोनिया एक नज़र दीपिका को देखते है और वहाँ से चले जाते है।

अगले दिन सुबह न्यूज़ पेपर की हेड लाइन थी कि बिज़नेस टाइकून ऋषभ ओबरॉय की शादी।

- व्यास कंपनी के शेयर में भारी गिरावट।

- बैंक का लोन ना चुकाने के कारण व्यास कंपनी नीलाम।

- सूत्रों के मुताबिक़ यह बताया जा रहा है कि रिसेप्शन पार्टी में मिस्टर ओबरॉय की बीवी के साथ बदतमीज़ी करने कारण मिस्टर व्यास की यह हालत हुई है।

- मिस्टर व्यास की बीवी और बच्ची उन्हें छोड़ अपने पापा के घर चली गई है।

- मिस्टर व्यास सड़क पर आ गए है।

दूसरी तरफ़ होटल में भी आलया न्यूज़ पेपर पढ़ रही थी और उसके पैरो तले ज़मीन खिसकती जा रही रही थी क्यूँकि उसे तो पता था कि उसने दीपिका के साथ क्या करने की कोशिश की थी। अगर ऋषभ को सब कुछ पता लग गया तो वह उसे छोड़ेगा नहीं।

आलया की अभी भी कुछ उम्मीद बाक़ी थी क्यूँकि वेटर ने उसका चेहरा नहीं देखा था वह तो मास्क पहने हुए थी, उसे लग रहा था शायद ऋषभ को उसके बारे में पता नहीं चलेगा।

इधर दीपिका को धीरे धीरे होश आ रहा था, उसे लग रहा था कि वो काफ़ी दिनो बाद इतनी अच्छी नींद सोयी है।

दीपिका अपनी आँख खोलते ही देखती है कि ऋषभ उसके पास ही बैड पर सिर रखे हुए सो रहा है।

दीपिका लेटे हुए ही ऋषभ के सिर पर प्यार से हाथ फेरती है। दीपिका के छूने से ऋषभ उठ जाता है और दीपिका से पूछने लगता है "तुम ठीक हो ना दीपू? कुछ तकलीफ़ तो नहीं? कही दर्द तो नहीं हो रहा? मैं डॉक्टर को बुलाऊँ?"

दीपिका ऋषभ के होंठों में उँगली रखते हुए कहती है "श श श ... शांत, एकदम शांत, मैं बिलकुल ठीक हूँ, कोई प्रॉब्लम नहीं है। आप बताइए क्या हुआ था कल? मेरा सिर बहुत भारी हो रहा था, मुझे कुछ याद नहीं है।"

ऋषभ ने सोचा जब दीपिका को कुछ याद नहीं है तो उसे कुछ याद दिलाने की ज़रूरत भी क्या है।

ऋषभ दीपिका से कहता हैं "कुछ नहीं हुआ था। तुम काफ़ी थक गई थी इसलिए तुम्हें चक्कर आ गया था।"

दीपिका कहती है "मैंने आपकी पार्टी ख़राब कर दी ना?"

ऋषभ: बिल्कुल नहीं, तुम ज़्यादा इम्पोर्टेंट हो, पार्टी तो फिर हो जाएगी। तुम थोड़ा आराम करो, मैं ज़रा फ्रेश हो लेता हूँ।"

ऋषभ फ्रेश होने चला जाता है, थोड़ी देर बाद घर का सर्वेंट उनके लिये चाय और न्यूज़ पेपर ले आता है।

दीपिका चाय लेती है और न्यूज़ पेपर पढ़ने लगती है, न्यूज़ पेपर पढ़ते ही उसके हाथ से चाय का कप गिर जाता है।

कप के टूटने की आवाज़ सुन ऋषभ वाश रूम से निकल आता है और देखता है कि दीपिका हाथ में न्यूज़ पेपर लेकर बैठी है और चाय का कप नीचे गिरा हुआ है।

ऋषभ उसके पास आकर बैठता है और उसे सम्भालते हुए गले लगा लेता है। दीपिका रोते हुए कहती है "इतना कुछ हो गया और आपने कुछ नहीं बताया। अगर आप सही समय पर नहीं आते तो?"

ऋषभ दीपिका के आंसूओ को पोछते हुए कहता है "कुछ नहीं हुआ है, मैं तुम्हें अब कभी भी मुझसे अलग नहीं करूँगा। तुम रोओ मत, मैं तुम्हारी आँखो में आंसू नहीं देख सकता।"

तभी ऋषभ का फ़ोन बजता है, फ़ोन रोहित का था। रोहित ने उसे तुरंत स्टडी में बुलाया है।

ऋषभ दीपिका को कहता है "मैं थोड़ी देर में आता हूँ। तुम तब तक फ्रेश हो लो।"

ऋषभ तैयार होकर स्टडी की तरफ़ निकल जाता है।

रोहित अपने कमरे से सारे फाइल और लैपटॉप लेकर स्टडी की तरफ़ निकलता है।

स्टडी की तरफ़ जाते हुए उसे कनक के कमरे का दरवाज़ा खुला हुआ दिखता है।

रोहित के कदम कनक के कमरे की तरफ़ बड़ते है और वह हल्के से दरवाज़े को खोलता है और देखता है कि कनक अपने बिस्तर पर बच्चे की तरह सो रही थी। रोहित उसके क़रीब जाता है और देखता है कि कनक की आँखे सूझी हुई है। ऐसा लग रहा था कनक सारी रात रोयी है। वह कनक के सिर पर धीरे से हाथ फेरता है और उसके माथे पर किस करता है।

कनक धीरे से हिलती है तो रोहित वहाँ से जल्दी से निकल जाता है और स्टडी की तरफ़ भागता है।

वहां जाकर देखता है कि ऋषभ वहाँ पहले ही पहुँच चूका है।

रोहित ऋषभ को बताता है कि कल पार्टी में जो कुछ भी हुआ वो सब आलया ने किया है उसी ने मिस्टर व्यास और वेटर को यूज़ करा है।

ऋषभ जब यह सुनता है तो उसका खून खौल उठता है, वह अपना फ़ोन निकालकर रणवीर का नंबर मिलाता है और उसे ११ बजे ऑफिस में बुलाता है।

रणवीर को परेशान देख आलया पूछती है "क्या हुआ बेबी? क्यूँ परेशान लग रहे हो?"

रणवीर : हाँ, थोड़ा तो हूँ, ऋषभ ओबरॉय ने ऑफ़िस में बुलाया है।

आलया : हाँ, तो उसमे क्या हुआ, गलती हमसे नहीं, उनके गेस्ट से हुई है। इसमें हमें डरने की ज़रूरत ही नहीं।

रणवीर : अरे हाँ, गलती तो उनके गेस्ट से हुई है, हमारी तरफ़ से कुछ नहीं हुआ है।

आलया रणवीर को ब्रेकफास्ट टेबल पर ले जाती है और उसे चिंता करने के लिए मना करती है।

आलया ने रणवीर को तो स्ट्रेस फ्री कर दिया लेकिन ख़ुद बड़े स्ट्रेस में थी कि अगर ऋषभ को उसके करतूत के बारे में पता चल गया तो उसका क्या होगा?

रणवीर और आलया ऋषभ से मिलने ऑफिस पहुचते है। ऋषभ तो पहले से ही उनका वहाँ इंतज़ार कर रहा था।

रणवीर के आते ही ऋषभ बहुत गुस्से में कहता है "मिस्टर रणवीर आपने पार्टी में कैसे अरेंजमेंट करवाये थे, मेरी वाईफ के साथ हादसा होते होते रह गया?

रणवीर कुछ देर चुप रहकर हिम्मत करके बोलता है "लेकिन सर, मिस्टर व्यास तो आपके गेस्ट थे ?

ऋषभ : तुम्हारी सिक्योरिटी कैसी थी ? कि कोई मेरी वाईफ को होटल रूम में ले जाता है और किसी को पता नहीं चलता। पार्टी की पूरी ज़िम्मेदारी तो तुम्हारी थी।

आलया तब बीच में आकर बोलती है "मिस्टर ओबरॉय, अगर आपके गेस्ट की गन्दी नज़र आपकी वाईफ पर थी तो इसकी ज़िम्मेदारी हम कैसे ले सकते है।"

आलया के इतना कहते ही ऋषभ खींचके एक थप्पड़ आलया के गाल पर मारता है।

आलया अपने गाल पकड़कर ऋषभ को देखती है तो ऋषभ उसे उँगली दिखा कर एक दम चुप रहने को बोलता है। ऋषभ की गुस्से से लाल होती आँखे देख आलया डर जाती है।

रोहित तभी लैपटॉप लेकर आता है और कहता है"मिस आलया आप ज़रा इधर भी एक नज़र डाल ही दीजिए।

आलया लैपटॉप में वीडियो देखती है और उसके पैरो तले ज़मीन खिसक जाती है।

रणवीर भी वीडियो देखते ही गुस्से से पागल हो उठता है उसकी आँखों से मानो आग बरसने लगती है और वह गुस्से में आलया को थप्पड़ मार देता है।

थप्पड़ पड़ते ही आलया गिर पड़ती है। रणवीर आलया से कहता है "आलया, यह सब तुमने किया ? तुम्हें पता नहीं था क्या ? यह डील मेरे लिए कितना ज़रूरी है। तुमने यह क्यूँ किया ?"

आलया बस चुपचाप खड़ी थी, तभी ऋषभ कहता है "मिस्टर रणवीर, बहुत ड्रामा हुआ तुम लोगो का, मैंने आपको वार्न किया था कि कोई गड़बड़ नहीं होना चाहिए। अब मैं आपकी कंपनी टेकओवर कर रहा हू, आपकी वजह से मेरा बहुत नुक़सान हुआ है। टेबल में रखे पेपर साइन कर दीजिए।"

रणवीर चौकते हुए कहता है "यह कैसे पेपर है ?"

रोहित कहता है "यह वो पेपर है जिसमे लिखा है की आप अपनी कंपनी अपनी इच्छा से ओबरॉय इंडस्ट्रीज़ को सौप रहे है।"

रणवीर : मैं क्यों दूं अपनी कंपनी आपको ?

ऋषभ : मिस्टर रणवीर आपने जो कॉंट्रैक्ट पेपर साइन करे थे उसमें लिखा था कि आप अगर मेरी पार्टी में कोई गड़बड़ करेंगे या आपकी वजह से मुझे कोई नुक़सान हुआ तो आपको मुझे अपनी कंपनी देनी पड़ेगी। और अगर अपने माना किया तो आपको ५० करोड़ मुझे दो दिन में देने पड़ेंगे और नहीं तो आपको और आपके मंगेतर को दो साल के लिए जेल जाना पड़ेगा। अच्छे से सोच लीजिए।

रणवीर के आगे कोई चारा नहीं था, उसने पेपर्स पर साइन कर दिया।

रोहित ने तब उनसे कहा कि अब आप दोनों इस कमरे से निकल जाइए, और फिर कभी हमें अपनी शक्ल भी मत दिखाना।

रणवीर और आलया जैसे ही कमरे से निकलते है, रोहित और ऋषभ एक दूसरे को गले लगाते है।

अचानक रोहित अपने सिर पर हाथ रख करके कहता है "ओह, शिट...। यह मैं कैसे भूल गया ?"

ऋषभ पूछता है "क्या हुआ ? क्या भूल गया तू?"

रोहित कहता है "अरे शाम को सोनिया के नये प्रॉडक्ट्स का फ़ैशन शो है, हमे वहाँ जाना है।"

ऋषभ बोलता है "पहली बार ऐसा हुआ है कि हमारे दिमाग़ से कुछ निकल गया। ऐसा कर तू चला जा, मैं दीपिका के पास रुकता हूँ।"

रोहित बोलता है "ठीक है, तू भाभी के पास रुक, अभी भी वह सदमे में है। मैं अकेले ही चला जाता हूँ।"

ऋषभ ऑफिस से घर के लिए और रोहित सोनिया के फ़ैशन शो के लिए निकलते हैं।

मुंबई के शानदार होटल रॉयल पैलेस में सोनिया का फ़ैशन शो था। इंटरनेशनल गेस्ट भी थे, कई देशों से गेस्ट आये थे सोनिया का फ़ैशन शो देखने के लिए।

रोहित रॉयल पैलेस पहुचता है, और वहाँ जाकर सोनिया को कॉल करता है। सोनिया उसे होटल के मीटिंग रूम में बुलाती है।

रोहित वहाँ जाकर देखता है कि सोनिया कमरे में इधर इधर तेज़ तेज़ चल रही है, देखने से ही समझ में आ रहा था कि वो आज के इवेंट को लेकर बेहद तनाव में है।

रोहित आकर उसके सामने खड़ा हो जाता है "क्या हुआ सोनिया ? इतने स्ट्रेस में क्यूँ हो ? सब अच्छा होगा। सारे गेस्ट आ गए है।"

सोनिया कहती है "नहीं भाई! मैंने आज के लिये बहुत तैयारी की है, बस कोई गड़बड़ नहीं होना चाहिए।"

रोहित सोनिया को एक सोफे पर बैठाता है और उसके कन्धों पर हाथ रख समझाते हुए कहता है "सब अच्छा होगा, तुम्हारी मेहनत रंग लाएगी और मैं और ऋषभ हमेशा तुम्हारे साथ है, तुम्हारे साथ कुछ ग़लत नहीं होने देंगे"

सोनिया मुस्कुराती है और कहती है "मुझे पता है, मेरे भाई जबतक मेरे साथ है कोई मेरा कुछ नहीं बिगाड़ सकता। अच्छा रोहित, तुम अब हॉल में जाओ, मैं ज़रा अपने मॉडल्स को देख लूँ।"

रोहित ऑडिटोरियम चला जाता है, जहाँ उसके नाम की वी। आई। पी सीट थी। रोहित अपनी सीट पर जाकर बैठ जाता है।

कुछ शुरूआती संगीत के कार्यक्रमों के बाद फ़ैशन शो शुरू होता है। सारे मॉडल्स बहुत ही अट्रैक्टिव लग रहे थे, सोनिया के डिज़ाइन करे हुए ड्रेस बहुत ही सुंदर थे। सारे मॉडल्स रैंप वाक कर ड्रेस का प्रदर्शन कर रही थी, तभी पीछे से एनाउन्समेंट होता है कि सबसे एक्सक्लूसिव और इन्नोवेटिव कलेक्शन प्रेजेंट होने जा रहा है।

सारे स्पॉट लाइट स्टेज के एंट्री पर फोकस हो जाते हैं, और एक मॉडल हल्के हरे गाउन में चेहरे पर मास्क लगाए धीरे धीरे आती है साथ में एक बच्ची भी थी उसने भी मास्क लगाया हुआ था। सभी की नज़र उस मॉडल और उसके गाउन पर थी।

रोहित के मुँह से भी वाओ निकल गया।

मॉडल जब स्टेज के बीचोंबीच आती है तो उसके ऊपर सितारे बरसने लगते है और चारों तरफ़ लाइट्स जलने लगती है बाक़ी सारे मॉडल्स आकर उसके पास खड़े हो जाते है। पीछे से सोनिया आती है और अपनी शो स्टापर मॉडल की कमर में हाथ डाल कर कड़ी होती है, और तभी वह मॉडल और बच्ची अपने चेहरे से मास्क हटाते है।

चारों तरफ़ तालियाँ बज उठती है। रोहित तो बस उस मॉडल की तरफ़ बस देखता ही रह जाता है, उसका मुँह खुला की खुला ही रह गया, क्यूँकि वह मॉडल और कोई नहीं कनक थी और वो बच्ची लिली थी, सोनिया की बेटी।

फ़ैशन शो बहुत अच्छे से हो गया, सा रे क्लाइंट बहुत खुश हुए।

रोहित कनक से मिलना चाहता था, वह शो के ख़त्म होने पर सीधे ग्रीन रूम की तरफ़ चला गया, लेकिन वहाँ इतनी सारी मॉडल्स थी कि वो चाह कर भी कनक से बात नहीं कर पा रहा था।

कनक दूर बैठी हुई रोहित की बेचैनी देख और समझ पा रही थी, उसकी नज़र बार बार रोहित की तरफ़ जा रही थी।

कनक रोहित को फ़ोन करती है, रोहित फ़ोन में देखता है कि कनक का नाम आ रहा है, वह फ़ोन उठाता है, कनक और रोहित एक दूसरे को देखते है तो कनक कहती है "आपको कुछ कहना है?"

रोहित थोड़ी देर चुप रहता है फिर बोलता है "आज तुम ग्रीन गाउन में बहुत सुंदर लग रही थी।" इतना कहते ही वो फ़ोन कट कर वहाँ से निकल जाता है।

रोहित वहाँ से जैसे ही निकलता है सोनिया का कॉल आ जाता है "भाई, तुम कनक को अपने साथ घर ले जाओ, मुझे काफ़ी लेट हो जाएगा, वो बहुत थक गई है, मेरी मीटिंग है, मेरे लिए यह डील बहुत इम्पोर्टेंट है।"

रोहित बस ओ। के बोलता है।

सोनिया कनक को बोल देती है कि वो रोहित के साथ चली जाय।

रोहित गाड़ी में कनक का इंतज़ार करता है, कनक आधे घंटे में आ जाती है।

रोहित और कनक गाड़ी में शांत बैठे हुये हैं, कोई किसी से बात नहीं कर रहा है। तभी रोहित गाड़ी को जुहु बीच की तरफ़ मोड़ देता है और गाड़ी को एक शांत जगह खड़ा कर वह गाड़ी से निकल पड़ता है।

कनक को कुछ समझ में नहीं आ रहा था कि अचानक रोहित को क्या हुआ है? वो तो कुछ बात ही नहीं कर रहा है।

कनक गाड़ी से उतरती है और रोहीत के पास जाती है और उससे कहती है "क्या हुआ है आपको? मैंने आपको इतना शांत तो कभी नहीं देखा? कुछ हुआ है क्या?"

रोहित उसकी तरफ़ मुड़ता है और कहता है "हाँ हुआ है ना, लेकिन किसी को पता ही नही चल रहा है की यह क्यूँ हो रहा है?"

कनक शर्माति हुए कहती है "किसे नहीं पता चल रहा है?"

रोहित एक कदम उसकी तरफ़ बड़ाता है और कनक एक कदम पीछे, तभी रोहित उसे कमर से पकड़ कर अपनी तरफ़ खींचता है और कहता है "इन हरी हरी आँखो वाली को, जिसने मुझे अपने सम्मोहन में बांध लिया है, इन्होंने मेरी रातों की नींद छीन ली है। अब तुम्ही बताओ, मैं क्या करूँ?

कनक रोहीत की बाहों में अपने आपको बहुत सुरक्षित महसूस कर रही थी वह थोड़ा सोचते हुए रोहित को हटाते हुए कहती है "मुझे भी आपका चेहरा सोने नहीं देता, तो आप बताइए कि मैं क्या करूँ?"

रोहित कह उठता है "कनक, आई लव यू, मुझे लगता है कि अब मैं तुम्हारे बग़ैर नहीं रह पाऊँगा। मुझे तुम्हारा जवाब चाहिए, मैं तुम्हें कुछ फ़ोर्स नहीं करना चाहता, तुम्हारा जो भी जवाब होगा, मुझे मंजूर होगा।"

कनक कहती है "रोहित, आप तो मेरे बारे में कुछ नहीं जानते। आपका और मेरा परिवार बहुत अलग है, हमारी दुनिया बहुत अलग है।"

रोहित कहता है "मैं आपके बारे में सब जानता हू, आप बंगलौर में अपने माँ बाबा के साथ रहती है। पहले आप गुजरात में रहती थी। आप दीपिका भाभी की बचपन की दोस्त है। आप बहुत ही सिंपल फ़ैमिली से है, आप मुंबई नौकरी की तलाश में आयी है, अब बताइए, क्या आप मुझे अपनी दुनिया में आने का एक मौक़ा दोगी?"

कनक की आँखो में आंसू आ जाते है और वह रोहित को गले लगा लेती है और उसे आई लव यू टू कहती है।

रोहित कनक के आंसू पोछता है और उसके होंठों पर किस करता है।

कनक भी रोहित के किस करती है की तभी रोहित का फ़ोन बज उठता है, फ़ोन दीपिका का ही था, रोहित फ़ोन उठाता है "हेलो, हाँ भाभी, कहिए क्या बात है?

दीपिका : सीरियसली रोहित, क्या बात है? क्या टाइम हो रहा है? कहाँ हो तुम? कनक का फ़ोन भी बन्द है, सोनिया कह रही थी कि कनक तुम्हारे साथ है।

रोहित : हाँ, भाभी कनक मेरे साथ है, हम बस आ रहे है। घर आके आपको ख़ुशख़बरी भी देनी है।

दीपिका : ठीक है, जल्दी आओ तुम दोनों।

रोहित और कनक बहुत खुश थे। घर पहुचते पहुचते रात के २:३० बज गये, सभी सो गये थे, सिर्फ़ दीपिका जाग रही थी।

दीपिका ने दोनों को देखा और दोनों के कान खींचते हुए बोली "जान निकाल दी थी तुम दोनों ने, ख़ासकर इस कनक ने।

तभी रोहित कहता है "मेरे रहते मेरी कनक को आँख उठाकर भी कोई देख नहीं सकता।" और गुड नाईट बोलकर अपने कमरे में चला जाता है।

कनक भी अपने कमरे में जाने लगती है तभी दीपिका कहती है "कनक, क्या बात है? आज रोहित की आँखो में अलग सी ख़ुशी की चमक दिख रही है।"

कनक कहती है "इतना मत सोच, जा सो जा, सुबह बात करेंगे।"

कनक के जाते ही दीपिका को लगा ज़रूर इन दोनों में कोई खिच ड़ी पक रही है।

सुबह डाइनिंग टेबल पर सब नाश्ता करते है तभी रोहित कहता है "दादाजी, ऋषभ, भाभी और जानकी माँ मैं आप सबसे कुछ कहना चाहता हूँ।"

दादा जी कहते है "हाँ बेटा बोलो क्या बात है? बेझिझक बोलो।"

रोहित कहता है "मैं अब सेटल होना चाहता हूँ, अगर आपकी इजाज़त हो तो मैं जिससे प्यार करता हूँ, उसे आप सभी से मिल वाना चाहता हूँ।"

रोहित की बात सुन सब दंग रह जाते है की जो रोहित प्यार से नफ़रत करता था आज ख़ुद प्यार की बात कर रहा है।

ऋषभ उठता है और रोहित को गले लगाता है और कहता है "तू तो सारा दिन मेरे साथ ही रहता है, तुझे प्यार हो गया और मुझे पता ही नहीं चला। पहली बार ऋषभ की आँखो को किसी ने धोखा दिया है और वो भी मेरे भाई रोहित ने।"

रोहित : नहीं यार, मुझे भी कल ही पता चला की मैं उसे बहुत प्यार करता हूँ।"

कनक वहाँ आँख झुकाए हुए बैठी थी और शरम के कारण उसका चेहरा लाल पड़ जाता है।

ऋषभ पूछता है "कौन है वो लकी गर्ल जिसने मेरे भाई का दिल चुराया है?"

रोहित इशारे से कनक को दिखाता है।

सभी की नज़र कनक की तरफ़ थी और सबने एक साथ कहा "क्या? हमारी कनक।"

दादा जी तभी जानकी माँ को कहते है "जानकी जल्द से ठाकुर जी को भोग लगाओ, मैंने तो जब पहली बार कनक को देखा था, तेरे लिये पसंद कर लिया था, यह एकदम मेरी दीपिका की परछायी है।"

दादा जी ऋषभ से कहते है "ऋषभ, भाई की शादी है, सारा इंतज़ाम तुझे ही देखना है। तूने दीपिका बहु से कॉंट्रैक्ट मैरिज की थी यह बात मुझे कुछ दिन पहले ही पता चली लेकिन विधि विधान से शादी अभी बाक़ी है, अब रोहित के साथ तेरे भी फेरे लगेंगे, दो मंडप सजेंगे। बहुत ड्रामा हो गया तेरा, दोनों बहुओं का एक साथ गृह प्रवेश होगा। एक हफ़्ते में सगाई और अगले महीने शादी। तब तक मेरी दोनों बेटियाँ मेरी बड़ी बेटी सोनिया के घर रहेंगी। शादी वाला घर है सारी तैयारी शुरू करो।"

घर में हर तरफ ख़ुशी का माहोल है। उधर ऋषभ ने भी दीपिका को उसकी और उसके दादा जी की कंपनी के पेपर्स दिये और कहा की "आज से यह कंपनी तुम्हारी, अब तुम इसे सम्भालो।"

दीपिका अपनी कंपनी को वापस पाकर बहुत खुश थी।

शाम को सोनिया आती है और कनक और दीपिका को अपने साथ ले जाती है।

शादी और सगाई की तैयारी शुरू हो जाती है।

पूरा इवेंट दीपिका की कंपनी अरेंज करती है। सोनिया ने दोनों का वेडिंग ड्रेस और अपने भाईयों के लिए दुल्हनों से मैचिंग शेरवानी भी डिज़ाइन किया।

सगाई का ड्रेस अलग और शादी का ड्रेस अलग,

डेस्टिनेशन वेडिंग की थीम पर शादी इटली में प्लान की गई थी।

सगाई मुंबई में हो गई, दोनों भाईयों ने दुल्हनों को अंगूठी पहनायीं, सभी गेस्ट ने उन्हें बधाई दी, सभी न्यूज़ पेपर्स की हैडलाइन थी ऋषभ और रोहित की सगाई और एक महीने में शादी।

देखते देखते शादी का समय निकट आ गया, सभी गेस्ट फ्लाई करके इटली पहुँच रहे थे, ऋषभ ने अपनी फ़ैमिली के लिए पर्सनल प्लेन बुक करवाया था।

सभी शादी के दो दिन पहले पहुचते है।

रोहित और ऋषभ वेन्यू को देखने जाते है तो ऐसा लग रहा था जैसे वो कोई सपनों के शहर में गए है, वेन्यू को बहुत ही सुंदर तरीक़े से सजाया गया था। दीपिका ने अपने भाई आकाश को अपनी कंपनी का इंचार्ज बना दिया था, तो पूरे इवेंट की ज़िम्मेदारी आकाश के ऊपर थी जो बहुत ही अच्छे से कर रहा था।

ऋषभ और रोहित भी आकाश के काम से खुश थे। ऋषभ ने आकाश की मदद के लिए अपने सबसे ख़ास, सागर को लगा दिया था।

आख़िर कार वो घड़ी आ ही गई जिसका सभी को बेसब्री से इंतज़ार था।

दोनों दूल्हे मंडप पे अपनी दुल्हनों का इंतज़ार कर रहे थे। जब दुल्हनें आती है फूलो की बारिश शुरू हो जाती है, सभी की नज़र दुल्हनों पर टिकी हुई थी। दीपिका पीले लहेंगे में और कनक गुलाबी लहेंगे में थी, मैचिंग ज्वैलरी से पूरा बदन उनका चमक रहा था।

ऋषभ और रोहित तो अपनी दुल्हनों को देखते ही मानो अपनी सुध बुध ही खो बैठते हैं।

दादाजी दूर से बैठे उनको आशीर्वाद दे रहे थे, शादी की रस्में शुरू होती है। कन्या दान का समय होता है। दुलहने परेशान हो जाती है। तभी वह देखते है की भीड़ में से कनक के माता पिता और दीपिका के मामा, मामी आ रहे है।

उन्हें देख दीपिका और कनक बहुत खुश होते है। यह उनके लिये सरप्राइज था।

कन्यादान होता है। और भी शादी की सभी रस्में पूरी की जाती हैं। इस तरह शादी संपन्न होती है, जोड़े सबका आशीर्वाद लेते है।

मामी आकर दीपिका से माफ़ी माँगती है "मुझे माफ कर देना बिटिया, मैंने तेरे साथ बहुत बुरा किया लेकिन तू जब थी नहीं तो तेरी कमी मुझे बहुत खलती थी, और दामाद जी ने हमारा बहुत ख्याल रखा।

तूने आकाश को अपनी कंपनी सम्भालने को दे दी, और मैं तुझे क्या क्या बोलती थी।"

दीपिका रोते हुए अपनी मामी से कहा "मैंने कभी भी आपको अपनी माँ से कम नहीं समझा, आपकी डाँट का मैंने कभी भी बुरा नहीं माना लेकिन हाँ, मै आपके प्यार के लिए बहुत तरसी हूँ।"

मामी ने ज़ोर से दीपिका को अपने सीने से लगा लेती है और उनके आंसूओ में सारे गिले शिकवे दूर हो जाते है। दो दिन बाद सभी भारत लौट आते है।

दादाजी तीर्थ यात्रा जाने की बात करते है तो ऋषभ उनकी सारी व्यवस्था कर देता है। जानकी माँ उनके साथ जाती है।

ऋषभ और रोहित अपने अपने काम में लग जाते है।

कनक को लंदन से बहुत बड़ा मॉडलिंग का कॉंट्रैक्ट मिलता है।

ऋषभ रोहित को लंदन का बिज़नेस सम्भालने को कहता है।

रोहित और कनक लंदन चले जाते है।

ऋषभ अपना अंपायर सम्भालने में बिजी हो जाता है। दीपिका और आकाश भी अपनी इवेंट मैनेजमेंट कंपनी को बुलंदी तक ले जाने में कोई कमी नहीं छोड़ रहे।

सब ठीक ही जा रहा था क़रीब तीन महीने बाद एक ऐसा कॉल आया की सब हिल गए।

दादाजी हरिद्वार में थे और अपने आख़िरी दिन गिन रहे थे। उनकी आख़िरी ख्वाइश थी कि पूरा परिवार उनके सामने रहे।

खबर मिलते ही रोहित और कनक इंडिया आने के लिए निकल गये। ऋषभ और दीपिका भी हरिद्वार के लिए निकल गए।

सभी दादा जी के पास पहुचते है, दादा जी सबको एक नज़र देखते है और वह एक हल्की सी मुस्कान देते है। ऐसा लग रहा था की उनकी जान बस अपने परिवार को देखने के लिए रुकी थी।

दादा जी की आँखे हमेशा के लिए बंद हो जाती है और वह चैन की नींद सो जाते है।

ऋषभ और रोहित उनका अंतिम संस्कार करते है।

ब्राह्मणों को भोग लगाया जाता है। ऋषभ दादा जी के नाम से वहाँ आश्रम में दान देता है। दादा जी की अस्थियाँ हरिद्वार में गंगा जी में रोहित और ऋषभ बहाते है।

दोनों भाई मुंबई लौट आते है। दादा जी की याद में कनक और दीपिका ने मंदिर में जाकर ग़रीबो में दान किया।

कहते है ना किसी के जाने से कोई काम नहीं रुकता ज़िंदगी इसी का नाम है। वैसा ही कुछ ओबरॉय मेंशन में हुआ।

सभी सदस्य अपने काम धाम में लग जाते है और कुछ यादे पीछे छूट जाती है। जो सिर्फ़ तसवीरों में ही दिखती है।

*****